人事考課制度
の決め方・
運用の仕方

荻原 勝 著
Masaru Ogihara

経営書院

はじめに

　日常の勤務態度（規律性、協調性、積極性、責任性、その他）は、社員によって異なります。

　また、業務を正確かつ迅速に進めていくには、一定の能力（知識・技術・技能、コミュニケーション能力、行動力、問題解決力、その他）が必要ですが、職務遂行能力のレベルは、人によって相当の差異が見られます。高いレベルの社員もいれば、それほどでもない人もいます。

　さらに、勤務上の成績（仕事の量、仕事の質）も、人によって異なります。多くの仕事をして会社に貢献する社員もいれば、業績への貢献度が少ない人もいます。

　人事考課は、社員一人ひとりについて、勤務態度、職務遂行能力および勤務成績を評価し、その結果を昇給、賞与および昇進・昇格などに活用する目的で行われるものです。適正な給与管理・人事管理を行っていくうえで、人事考課は必要不可欠です。

　人事考課を実施するときは、会社として社員に期待する勤務態度、能力および勤務成績を踏まえて、考課項目を選択することが重要です。考課項目の選択が適切でないと、考課の実効性が低下します。

　人事考課は、一般に、係長・課長・部長などの役職者が、本来の業務（担当部門の業務の管理）の合間に部下を評価するという方法で行われます。したがって、人事考課制度を円滑に運用していくには、考課に当たる役職者が記入しやすい考課表を作成することがきわめて重要です。

　さらに、人事考課については、社員の間において、「自分の能力や成績が正しく評価されていないのではないか」という、強い不安・不満があります。人事考課について、社員全員が満足している会社は少ないでしょう。会社は、人事考課の納得性を向上させるために最大限の努力を払うことが求められます。

　本書は、人事考課制度の決め方と運用の仕方を、実務に即して、具体的に解説したものです。人事考課をめぐる、以上のような事情に配慮し、次の9章構成としました。

　第1章　人事考課制度の仕組み
　第2章　人事考課の項目
　第3章　人事考課表のつくり方
　第4章　資格等級別・コース別の人事考課表

第5章　職種別の人事考課表
第6章　昇給・賞与と人事考課
第7章　人事考課者の心得
第8章　人事考課の納得性向上策
第9章　人事考課規程の作成

執筆に当たっては、「実務性」と「分かりやすさ」に十分配慮しました。

給与管理・人事管理を取り巻く状況は、年々大きく変化しています。本書が人事考課の現場において役に立つことができれば幸いです。

最後に、本書の出版に当たっては、経営書院の皆さんに大変お世話になりました。ここに記して、厚く御礼申し上げます。

2018年

荻原　　勝

『人事考課制度の決め方・運用の仕方』

目　　次

第1章　人事考課制度の仕組み……………………………… 1

1　人事考課制度の目的………………………………………… 1
（1）昇給と人事考課 ………………………………………… 1
（2）賞与と人事考課 ………………………………………… 2
（3）昇進・昇格と人事考課 ………………………………… 3
（4）配置・配置転換と人事考課 …………………………… 4
（5）能力開発・研修と人事考課 …………………………… 5

2　人事考課の対象分野と項目………………………………… 6
（1）人事考課の対象事項 …………………………………… 6
（2）人事考課の対象とすべきでない事項 ………………… 7
（3）人事考課の活用目的と考課事項との関係 …………… 8

3　人事考課の基準……………………………………………… 11
（1）相対評価方式 …………………………………………… 11
（2）絶対評価方式 …………………………………………… 11

4　人事考課の方法と区分……………………………………… 13
（1）評語選択法 ……………………………………………… 13
（2）得点法 …………………………………………………… 15
（3）評語・得点併用法 ……………………………………… 16

5　人事考課の対象期間………………………………………… 17
（1）昇給考課の対象期間 …………………………………… 17
（2）賞与考課の対象期間 …………………………………… 18
（3）昇進・昇格考課等の対象期間 ………………………… 18

iii

6　人事考課の対象者と考課者‥‥‥‥‥‥‥‥‥‥‥‥‥19
　（1）人事考課の対象者 ‥‥‥‥‥‥‥‥‥‥‥‥‥‥‥19
　（2）考課者 ‥‥‥‥‥‥‥‥‥‥‥‥‥‥‥‥‥‥‥‥19

第2章　人事考課の項目‥‥‥‥‥‥‥‥‥‥‥‥‥‥‥‥21

1　考課項目の選択基準‥‥‥‥‥‥‥‥‥‥‥‥‥‥‥21
　（1）「期待」を基準とする ‥‥‥‥‥‥‥‥‥‥‥‥‥21
　（2）職務との関連性 ‥‥‥‥‥‥‥‥‥‥‥‥‥‥‥‥21
　（3）評価の容易性・可能性 ‥‥‥‥‥‥‥‥‥‥‥‥‥22
　（4）その他 ‥‥‥‥‥‥‥‥‥‥‥‥‥‥‥‥‥‥‥‥22

2　人事考課の項目‥‥‥‥‥‥‥‥‥‥‥‥‥‥‥‥‥23
　（1）勤務態度に関する項目（一般社員）‥‥‥‥‥‥‥23
　（2）勤務態度考課の考課ポイント（一般社員）‥‥‥‥31
　（3）勤務態度に関する項目（役職者）‥‥‥‥‥‥‥‥32
　（4）勤務態度考課の考課ポイント（役職者）‥‥‥‥‥36
　（5）職務遂行能力に関する項目（一般社員）‥‥‥‥‥37
　（6）職務遂行能力考課の考課ポイント（一般社員）‥‥45
　（7）職務遂行能力に関する項目（役職者）‥‥‥‥‥‥47
　（8）職務遂行能力考課の考課ポイント（役職者）‥‥‥51
　（9）勤務成績に関する項目（一般社員）‥‥‥‥‥‥‥53
　（10）勤務成績考課の考課ポイント（一般社員）‥‥‥‥56
　（11）勤務成績に関する項目（役職者）‥‥‥‥‥‥‥‥56
　（12）勤務成績考課の考課ポイント（役職者）‥‥‥‥‥58

3　考課項目の数‥‥‥‥‥‥‥‥‥‥‥‥‥‥‥‥‥‥60

4　考課分野のウエイト付け‥‥‥‥‥‥‥‥‥‥‥‥‥61
　（1）3分野の取り扱い ‥‥‥‥‥‥‥‥‥‥‥‥‥‥‥61
　（2）昇給等の考課のウエイト ‥‥‥‥‥‥‥‥‥‥‥‥62
　（3）賞与考課のウエイト ‥‥‥‥‥‥‥‥‥‥‥‥‥‥63
　（4）項目別のウエイト ‥‥‥‥‥‥‥‥‥‥‥‥‥‥‥64

第3章　人事考課表のつくり方 ………………………………………67

1　被考課者の氏名・所属 ………………………………………67

2　考課対象期間 ………………………………………………67

3　考課分野と考課項目 …………………………………………68
（1）考課分野と考課項目 ………………………………………68
（2）考課項目の着眼点 …………………………………………69

4　考課の方法・区分 ……………………………………………71

5　考課分野・考課項目のウエイト付け ………………………72
（1）考課分野のウエイト付け …………………………………72
（2）考課項目ごとの配点 ………………………………………72
（3）考課の理由の記入 …………………………………………73

6　二次考課の方法 ………………………………………………74
（1）二次考課の目的 ……………………………………………74
（2）二次考課の方法 ……………………………………………75

7　人事考課表の設定区分 ………………………………………78
（1）設定区分の種類 ……………………………………………78
（2）選択の基準 …………………………………………………79

8　人事考課表のモデル …………………………………………80

第4章　資格等級別・コース別の人事考課表 ………………………95

1　資格等級別の人事考課表 ……………………………………95
（1）資格等級制度の趣旨 ………………………………………95
（2）資格等級別の人事考課 ……………………………………97

目次

（3）資格等級別人事考課表のモデル ……………………………… 100

2　コース別の人事考課表…………………………………………… 119
（1）コース別制度の趣旨 …………………………………………… 119
（2）コース別の人事考課 …………………………………………… 120
（3）コース別人事考課表のモデル ………………………………… 123

第5章　職種別の人事考課表……………………………………… 139

1　職種別の人事考課表作成の趣旨………………………………… 139
（1）職種と勤務形態・要求能力等 ………………………………… 139
（2）職種別の人事考課表 …………………………………………… 139

2　考課項目の選択…………………………………………………… 140

3　職種別の人事考課表のモデル…………………………………… 143

第6章　昇給・賞与と人事考課………………………………… 215

1　昇給と人事考課…………………………………………………… 215
（1）昇給の効果 ……………………………………………………… 215
（2）昇給と人事考課 ………………………………………………… 216
（3）昇給総額が予算を超過した場合 ……………………………… 219

2　賞与と人事考課…………………………………………………… 222
（1）賞与の支給と人事考課 ………………………………………… 222
（2）支給額の算定式 ………………………………………………… 223
（3）賞与総額が予算を超過した場合 ……………………………… 226

3　人事考課の分布制限……………………………………………… 229
（1）分布制限の趣旨 ………………………………………………… 229
（2）分布制限の問題点 ……………………………………………… 230

第7章　人事考課者の心得 ································· 233

1　人事考課者の陥りやすい誤りと心得 ············· 233
（1）人事考課者の陥りやすい誤り ················· 233
（2）考課者の心得 ····························· 236

2　人事考課マニュアルの作成 ··················· 237
（1）考課の公正さの重要性 ····················· 237
（2）人事考課マニュアルの記載事項 ··············· 238

3　人事考課マニュアルのモデル ················· 239

第8章　人事考課の納得性向上策 ··················· 249

1　人事考課の納得性を高める必要性 ············· 249
（1）人事考課への不満 ························· 249
（2）人事考課の納得性を高める方策 ··············· 250

2　目標管理制度の整備・運用 ··················· 251
（1）目標管理制度の趣旨 ······················· 251
（2）目標管理制度の内容 ······················· 252

3　自己評価制度の実施 ······················· 255
（1）勤務態度・勤務成績の自負心 ················· 255
（2）自己評価制度の趣旨 ······················· 255
（3）自己評価制度の内容 ······················· 256
（4）自己評価表のモデル ······················· 257

4　一次考課・二次考課の調整 ··················· 269
（1）一次考課と二次考課の差異の発生 ············· 269
（2）差異の調整方法 ··························· 269
（3）各方式の評価 ····························· 270
（4）合理的な調整方式 ························· 271

5　部門間の考課結果の調整 ……………………………………… 271
（1）部門による考課の差 ……………………………… 271
（2）調整の方法 ……………………………………… 272
（3）調整の幅 ………………………………………… 273
（4）調整の手続き …………………………………… 274
（5）人事部長の責任で対応 ………………………… 275

6　考課基準等の公開 ……………………………………………… 277

7　考課結果のフィードバック …………………………………… 277
（1）フィードバックの趣旨 ………………………… 277
（2）フィードバックの対象者 ……………………… 278
（3）フィードバックの方法 ………………………… 278

8　考課の苦情処理制度 …………………………………………… 279
（1）苦情処理の体制と方法 ………………………… 279
（2）社員・役職者への周知 ………………………… 281

9　考課者研修の実施 ……………………………………………… 282
（1）考課能力の向上の重要性 ……………………… 282
（2）研修の実施頻度と内容 ………………………… 282

10　部門・グループ業績の賞与への反映 ……………………… 283
（1）部門・グループの業績と賞与 ………………… 283
（2）部門業績の指標 ………………………………… 284
（3）部門業績係数の決め方 ………………………… 285

11　考課項目等の定期的見直し ………………………………… 287
（1）見直しの必要性 ………………………………… 287
（2）見直しの対象事項 ……………………………… 287
（3）見直しの時期 …………………………………… 288

第9章　人事考課規程の作成 ……………………………………… 289

1　人事考課規程作成の趣旨 …………………………………… 289

2　人事考課規程の内容 ………………………………………… 289
（1）人事考課の目的と活用 ……………………………… 289
（2）人事考課の実施要領 ………………………………… 290

3　モデル規程 …………………………………………………… 292

○モデル人事考課表の目次

一般社員の人事考課表 ……………………………………………… 81
役職者の人事考課表 ………………………………………………… 88

初級職（社員1〜3級）の人事考課表 ……………………… 101
中級職（社員4〜6級）の人事考課表 ……………………… 106
上級職（社員7〜9級）の人事考課表 ……………………… 113

一般職の人事考課表 ……………………………………………… 124
総合職の人事考課表 ……………………………………………… 131

営業職の人事考課表 ……………………………………………… 145
店頭販売職の人事考課表 ………………………………………… 152
研究職の人事考課表 ……………………………………………… 159
専門職の人事考課表 ……………………………………………… 166
工場技能職の人事考課表 ………………………………………… 173
建設作業職の人事考課表 ………………………………………… 180
看護職の人事考課表 ……………………………………………… 187
介護職の人事考課表 ……………………………………………… 194
警備職の人事考課表 ……………………………………………… 201
接客サービス職の人事考課表 …………………………………… 208

第1章

人事考課制度の仕組み

1　人事考課制度の目的

（1）昇給と人事考課

　給与は、「生計費の保障」と「労働の対価」という2つの性格を持っている。

　多くの会社は、毎年4月に昇給を実施している。昇給額の決め方には、大別して、

- ・全社員一律に、昇給の額または率を決める
- ・社員一人ひとりについて、勤務態度、職務遂行能力および仕事の成果（業績）を評価し、その評価の結果に応じて昇給の額または率を決める

の2つがある。

　どちらの方式を採用するかは、もとより各会社の自由であるが、給与が「労働の対価」という性格を持っていること考えると、社員一人ひとりについて、勤務態度（仕事への積極性、責任性など）、職務遂行能力および仕事の成果（仕事の量、仕事の質）を公正に評価し、その評価の結果に応じて昇給の額または率を決めるのが合理的であろう。

　勤務態度が社員によって異なるにもかかわらず、あるいは、職務遂行能力のレベルが社員によって差異があるにもかかわらず、昇給の額または率を全社員一律とするのは、合理的ではない。

　人事考課制度は、勤務態度や仕事の成果等を昇給に反映させる目的で行われる。実際、多くの会社が人事考課の結果に基づいて社員各人の昇給の額または率を決定している（図表1-1）。

第1章　人事考課制度の仕組み

図表1－1　昇給への活用例

考課の結果	昇給
勤務態度、勤務成績等がきわめて優れていた	基本給の5％アップ
勤務態度、勤務成績等が優れていた	基本給の3％アップ
勤務態度、勤務成績等が普通であった	基本給の1％アップ
勤務態度、勤務成績等が劣っていた	基本給据え置き
勤務態度、勤務成績等がきわめて劣っていた	基本給据え置き

（2）賞与と人事考課

　多くの会社が年2回、夏季と年末に賞与（一時金）を支給している。

　賞与は、毎月の給与とは異なり、基本的に「業績の還元」「成果の配分」という性格を持っている。すなわち、社員が自己の担当業務の遂行を通じて、職場の業務目標の達成と会社の業績の向上に尽くしてくれたことに対する成果配分として支給われるものである。

　会社の立場からすると、すべての社員が職務に精励して職場の業務目標の達成に大いに貢献してくれることが理想である。しかし、実際には、職場の業務目標の達成への貢献度は社員によって異なる。大きく貢献した社員もいれば、それほどでもなかった社員も出る。それが現実の姿であろう。

　職場の業務目標への貢献の度合いが社員によって異なるにもかかわらず、全社員一律に同額または同じ月数の賞与を支給するのは合理的とはいえない。貢献の度合いが大きい社員には多くの額を支給し、貢献の度合いがそれほどでもなかった者に対しては、支給額を抑制する方が合理的である。

　社員一人ひとりについて、職場の業務目標への貢献度を評価し、その結果を賞与の支給額決定に反映させる（図表1－2）。

第1章　人事考課制度の仕組み

図表1－2　賞与への活用例

考課の結果	賞与の支給月数
勤務態度、勤務成績等がきわめて優れていた	基本給の2.5カ月
勤務態度、勤務成績等が優れていた	基本給の2.2カ月
勤務態度、勤務成績等が普通であった	基本給の2.0カ月
勤務態度、勤務成績等が劣っていた	基本給の1.8カ月
勤務態度、勤務成績等がきわめて劣っていた	基本給の1.5カ月

（3）昇進・昇格と人事考課

　会社にとって、昇進・昇格人事はきわめて重要である。

　係長・課長・部長という役職者は、部門の最高責任者である。部門の業務目標を効率的、かつ、確実に達成するという責任を負っている。したがって、管理力・指導力・統率力などに優れ、かつ、仕事の面で実績を上げている人材を登用することが求められる。

　昇進人事が適切でないと、

　　・部門の業務目標を達成できない

　　・人件費等の経営コストが必要以上に増大する

　　・業務の生産性が向上しない

　　・職場の秩序が乱れる

など、さまざまな支障が生じる。

　また、ある程度規模が大きい会社は、職務遂行能力のレベルに応じて資格等級（主任➡主事補➡主事➡参事補➡参事、あるいは、係長待遇➡課長待遇➡部長待遇、あるいは社員1級➡社員2級➡社員3級➡社員4級……）を設け、資格等級に応じて処遇の内容を決めるという資格等級制度を実施している。資格等級制度を実施している会社は、公正に昇格者を決定しなければならない。

　人事考課の結果を昇進・昇格人事に活用する（図表1－3、図表1－4）。

3

第1章　人事考課制度の仕組み

図表1－3　昇進への活用例

昇進の区分	昇進の条件
一般社員➡係長	業務経験3年以上、かつ、人事考課が2年連続「A」以上
係長➡課長補佐	係長経験2年以上、かつ、人事考課が2年連続「A」以上
課長補佐➡課長	課長補佐経験2年以上、かつ、人事考課がが2年連続「A」以上
課長➡部次長	課長経験2年以上、かつ、人事考課が2年連続「A」以上
部次長➡部長	部次長経験2年以上、かつ、人事考課が2年連続「A」以上

（注）人事考課「A」＝勤務態度、勤務成績等が優れていた

図表1－4　昇格への活用例

一般社員➡主任	社員の考課が3年連続「A」以上
主任➡主事補	主任の考課が2年連続「A」以上
主事補➡主事	主事補の考課が3年連続「A」以上
主事➡参事補	主事の考課が2年連続「A」以上
参事補➡参事	参事補の考課が3年連続「A」以上

（注）人事考課「A」＝勤務態度、勤務成績等が優れていた

（4）配置・配置転換と人事考課

　会社にとって、配置・配置転換は、重要な人事である。配置・配置転換には、

　　・定期的に行う

　　・随時行う

の2つがある。

　当然のことながら、適材適所を図るために、配置・配置転換人事が適切に

第1章　人事考課制度の仕組み

行われなければならない。適切でないと、
　　・社員の勤労意欲を低下させる
　　・有能な人材がその知識や能力を発揮できない
　　・製品のミスが多くなる
　　・労災が多発する
などの問題が生じる。
　人事考課によって「本人の能力、意欲、知識、経験が有効に活用されているか」についての情報を収集し、その結果を配置・配置転換に活用する（図表1－5）。

図表1－5　配置転換への活用例

人事考課の結果	配置転換
人事考課が2年連続「A」以上	困難度および責任度が1ランク上位の業務を担当させる
人事考課が2年連続「C」以下	困難度および責任度が1ランク下位の業務を担当させる
上記以外の場合	現在の業務を担当させる

（注）人事考課「A」＝勤務態度、勤務成績等が優れていた　　「C」＝勤務態度、勤務成績等がやや劣っていた

（5）能力開発・研修と人事考課

　いつの時代においても、社員の能力開発と人材育成は重要な経営課題である。現在は、職場の業務環境の変化のスピードがきわめて速いから、能力開発と人材育成はことのほか重要であるといえる。
　人事考課によって、社員一人ひとりについて
　　・担当する業務が正確、かつ迅速に行われているか
　　・職務遂行に必要な知識、技術・技能を完全に習得しているか
　　・職務において会社の期待に応える成果を上げているか
についての情報を収集する。そして、その情報を、オン・ザ・ジョブ・トレーニング、集合研修、社外の教育機関研修への派遣、自己啓発援助などにより能力開発と人材育成に活用する。

5

第1章 人事考課制度の仕組み

　人事考課の活用目的とその効果を取りまとめると、図表1－6のとおりである。

図表1－6　人事考課の活用目的と効果

活用目的	効果
昇給	○能力と意欲のある社員に報いられる ○職場の活性化を図れる ○給与費の適正化を図れる ○能力主義・成果主義の給与管理ができる
賞与	○勤務態度・勤務成績に応じて賞与の支給額を決められる ○職場の活性化を図れる ○賞与制度の適正化を図れる
昇進・昇格	○能力と意欲のある人材を登用できる ○適材適所を実現できる ○昇進・昇格管理の適正化を図れる
配置・配置転換	○適材適所を実現できる ○生産性の向上と業務改善を図れる
教育・能力開発	○職務遂行能力の向上を図れる ○能力開発制度の合理化・適正化を図れる

2　人事考課の対象分野と項目

（1）人事考課の対象事項

　人事考課は、本来的に、社員一人ひとりについて、勤務態度や仕事の成績などを評価し、その結果を昇給や昇進・昇格などの人事管理に反映させるというものである。したがって、
　・勤務態度に関すること
　・職務遂行能力に関すること
　・勤務成績に関すること

第1章　人事考課制度の仕組み

を考課の対象とするべきである。

　会社は、その業務を組織的・効率的に遂行するため、社員が職場において守るべき事項を定めると同時に、自己の職務に積極的に取り組み、責任を果たすことを期待している。

　　・定刻までに出社し、始業時刻から終業時刻まで仕事をすること
　　・勤務時間中は、みだりに職場から離脱しないこと
　　・会社や上司の指示命令を守ること
　　・勤務時間中は、職務に専念し、政治活動・宗教活動などはしないこと
　　・会社の設備や機材を私的に使用しないこと

などは、職場のルールの代表的なものである。

　勤務態度が良いか良くないかを人事考課の対象とするのは、使用者として当然のことであろう。

　また、会社ではさまざまな仕事が行われているが、どのような仕事であっても、その仕事を正確に処理するためには、

　　・その仕事についての一定の知識、技術・技能（基本的能力）
　　・上司の指示命令や業務マニュアルを正しく理解する能力
　　・仕事の進捗具合や結果などを正しく報告する能力

などが求められる。

　このほか、分析力、折衝力、企画力などが要求される仕事もある。

　能力のレベルが低いと、仕事の生産性・能率性が向上しないのみならず、ミスやトラブルが発生する。

　職務遂行能力のレベルを人事考課の対象とすることも、合理的である。

　さらに、社員は、仕事において一定の成果（仕事の量、仕事の質）を達成することが要求されるから、仕事の成果を人事考課の対象とする。

（2）人事考課の対象とすべきでない事項

　社員は、勤務時間中は、会社から指示された職務に専念し、会社に労務を提供すべき義務を負っている。

　しかし、勤務時間が終了し、職場から解放されれば、その時間をどのように過ごすかは、社員の自由である。会社の信用と名誉を傷つけることがなければ、何をしても差し支えない。勤務時間外の行動について、会社の指示に従うべき義務はない。

　したがって、勤務時間外の私的な行動は、人事考課の対象とすべきではな

7

第1章　人事考課制度の仕組み

い（図表1－7）。

図表1－7　人事考課の対象事項

人事考課の対象とすべき事項	人事考課の対象とすべきでない事項
○勤務態度に関すること ○職務遂行能力に関すること ○勤務成績に関すること	●私生活、家庭生活に関すること ●社会的な活動に関すること ●政治活動、市民活動に関すること ●アルバイト、副業、ボランティア活動に関すること ●金銭の使い方に関すること

（3）人事考課の活用目的と考課事項との関係
①　人事考課の活用目的と考課事項

　人事考課は、昇給、賞与、昇進・昇格、配置・配置転換および育成・能力開発を合理的に行い、適正な処遇を実現する目的で実施するものである。

　これらの目的を達成するため、

　　・勤務態度に関する事項
　　・職務遂行能力に関する事項
　　・勤務成績に関する事項

を、考課の対象とする。

　ただし、賞与のための人事考課は、勤務態度と勤務成績についてのみ行えばよく、職務遂行能力については行う必要はない。なぜならば、賞与は、「業績還元」「成果配分」という性格を持つものであるからだ。

　職務を遂行する上で、豊富な知識や優れた技術・技能を習得していることはきわめて重要である。しかし、知識や技術・技能が優れているからといって、必ず業績に貢献できるものではない。

　職場および会社全体の業績への貢献と深く結び付いているのは、日常の勤務態度と仕事の成績である。したがって、賞与の支給額決定のための人事考課においては、勤務態度と勤務成績だけを評価すればよい。

　ここで、人事考課の活用目的と考課事項との関係を示すと、図表1－8のとおりである。

第1章　人事考課制度の仕組み

図表1−8　人事考課の活用目的と考課事項との関係

	勤務態度の考課	職務遂行能力の考課	勤務成績の考課
昇給、昇進・昇格、配置・配置転換、育成	○	○	○
賞与	○	×	○

② **人事考課の実情**

　現在、昇給に当たって人事考課を行っている会社について、考課の内容を見ると、「勤務態度、職務遂行能力および勤務成績」という会社が最も多いが、「勤務態度および勤務成績」（職務遂行能力は、考課しない）という会社もある。

　しかし、

　①　給与は、「労働の対価」という性格を持っている

　②　会社としては、社員の能力伸長に対して給与面で報いることが望ましい

　③　社員の能力伸長の動機づけを図る必要がある

などを考えると、「職務遂行能力」についても考課するのが適切といえる。

　また、現在、賞与の支給額の決定に当たって人事考課を行っている会社について、考課の内容を見ると、「勤務成績のみ」というところもある（図表1−9）。

　しかし、勤務成績のみでは、日常の勤務態度（特に、規律性、協調性）への配慮に欠けることになる。

　やはり、勤務態度と勤務成績の双方を賞与考課の対象とすべきであろう。

第1章　人事考課制度の仕組み

図表1－9　考課の構成ごとのメリットと問題点

（1）昇給考課

	メリット	問題点
態度考課＋能力考課＋成績考課	○給与の性格に適合している ○昇給管理の適正化を図れる	
態度考課＋成績考課	○考課をしやすい	●能力のレベルと伸長の度合いへの配慮がない ●能力の伸長を促進できない
態度考課＋能力考課	○個人の成績・業績を問わないので、家族的な経営風土に適合している	●成績の良い社員に報いられない

（2）賞与考課

	メリット	問題点
成績考課のみ	○成果主義・業績主義に適合している ○考課がしやすい	●個人主義を助長しすぎる ●職場の一体感・連帯感を妨げる
態度考課＋成績考課	○賞与の性格に適合している	
態度考課＋能力考課＋成績考課	○能力のレベルと伸長の度合いにも、一定の配慮ができる	●賞与の性格に適合したものとはいえない

10

第1章　人事考課制度の仕組み

3　人事考課の基準

　人事考課は、勤務態度、職務遂行能力および勤務成績を個人別に評価する
ものである。したがって、「何に対して優れていたか」「何に対して劣ってい
たか」を明確にしておくことが必要である。
　人事考課の基準については、相対評価方式と絶対評価方式とがある。

（1）相対評価方式

　これは、他の社員を基準として社員を評価するものである。
　例えば、
　・他の社員に比べて勤務態度がどうであったか
　・他の社員に比べて職務遂行能力が高いか、高くないか
　・他の社員に比べて仕事の成績（質、量）は良かったか、良くなかったか
を評価する。
　一口に「他の社員」といっても、勤務態度、能力、成績は人によって異な
るであろう。優れている者もいれば、それほど優れているとは言えない者も
いるであろう。もしも、「能力・成績が特に優れている者」を基準としたら、
ほとんどの被考課者は「問題あり」と査定されてしまう。これでは、人事考
課制度について、社員の理解を得ることはできない。
　相対評価方式を採用するときは、勤務態度、職務遂行能力および勤務成績
が平均的・標準的な者を念頭において被考課者を評価するよう、あらかじめ
考課者（役職者）に周知徹底しなければならない。
　相対評価方式は、他の社員を基準とするものであるから、「評価しやすい」
というメリットがある。
　しかし、その反面、「勤続年数・経験年数が短い者が不利になる」という
致命的な問題点がある。採用後の勤続年数が浅い社員や、業務経験の短い者
は、業務知識や技術・技能のレベルが低く、高い成果を達成することが難し
い。このため、人事考課において、どうしても不利に査定される。

（2）絶対評価方式

　業務遂行能力や仕事の成果（質、量）は、社員の経験年数、年齢、資格等
級などの影響を大きく受ける。したがって、個人別の評価においては、その
社員の業務経験年数、年齢、役割、資格等級への格付けなどを勘案するのが

11

第1章　人事考課制度の仕組み

合理的で、公平といえる。

　社員一人ひとりについて、

　・業務経験年数

　・年齢

　・職場における役割

　・資格等級での格付け（資格等級制度を実施している会社の場合）

　・職場における地位

などを踏まえて、個人ごとに、職務上の期待水準・要求水準を明確にする。そのうえで、「期待水準・要求水準に比べて、職務遂行能力や勤務成績はどうであったか」を評価することを「絶対評価方式」という。

　絶対評価方式は、社員ごとに「年齢や勤続年数等にふさわしい能力（知識、技術・技能等）を習得しているか」「業務経験年数や職場での地位にふさわしい仕事をしたか」という観点から、人事考課を行うもので合理的である。

　絶対評価方式の場合は、業務経験年数等を踏まえた「期待水準・要求水準の確定」が大きなポイントとなる。

　期待水準・要求水準は、できる限り、各人の担当業務を踏まえて具体的に作成されることが望ましいが、職種によっては、具体化は相当に困難といえる。このため、ある程度抽象的なものになるのは、やむを得ない。

第1章　人事考課制度の仕組み

図表1－10　相対評価と絶対評価

	メリット	問題点
相対評価方式	評価がしやすい	●勤続年数、経験年数の短い社員が不利に取り扱われる ●若年社員の理解を得ることが難しい ●経験のない職場への配置転換（人事異動）に同意しない者が出る
絶対評価方式	○本人の勤続年数、年齢、経験年数等を考慮して考課を行うので、合理的である ○社員に対して、会社の期待水準・要求水準を明確に伝えられる ○公平な処遇が実現できる	●業務上の期待水準・要求水準を明確に設定するのが容易ではない

4　人事考課の方法と区分

　人事考課には、実務的・技法的に、評語選択法、点数法および評語・点数併用法の3つの方法がある。

（1）評語選択法
① 評語選択法とは

　これは、社員の働きぶりを「優れている」「ふつう」「劣っている」などの評語で評価するものである。

　あらかじめいくつかの評語を用意しておき、その中から該当するもの1つを選択させる。選択できる評語の数に応じて、3区分法、5区分法、7区分

13

第1章　人事考課制度の仕組み

法などがある。

　3区分法は、少し粗すぎる。役職者にとって、部下を「優れていた」あるいは、「劣っていた」と評価するのは、相当の勇気を必要とする。このため、大半の役職者が部下を「普通」と評価する可能性がある。

　一方、7区分法は、区分の差を明確に示すことが難しい。特に、「やや優れていた」と「普通」との差、および「普通」と「やや劣っていた」との差を区分するのが容易ではない。

　一般的にいって、5区分法を採用するのが現実的であろう。

図表1-11　評語の区分

3区分法	5区分法	7区分法
・優れていた ・普通 ・劣っていた	・きわめて優れていた ・優れていた ・普通 ・やや劣っていた ・劣っていた	・きわめて優れていた ・優れていた ・やや優れていた ・普通 ・やや劣っていた ・劣っていた ・きわめて劣っていた

②　5区分法の場合の評価例

　5区分法の場合、それぞれの考課項目について、5区分で評価する。例えば、「責任性」の評価は、次のとおりである（絶対評価の場合）。
　・期待するレベルを大きく超えて仕事上の責任を果たした➡「きわめて優れていた」
　・期待するレベルを超えて仕事上の責任を果たした➡「優れていた」
　・期待するレベルの仕事上の責任を果たした➡「普通」
　・仕事上の責任の達成度は期待するレベルをやや下回った➡「やや劣っていた」
　・仕事上の責任の達成度は期待するレベルを下回った➡「劣っていた」
　また、「仕事の量」の評価基準は、次のとおりである（絶対評価の場合）。
　・期待するレベルを大きく超える量の仕事をした➡「きわめて優れていた」
　・期待するレベルを超える量の仕事をした➡「優れていた」

第1章　人事考課制度の仕組み

・期待する量の仕事をした➡「普通」
・仕事の量は期待するレベルをやや下回った➡「やや劣っていた」
・仕事の量は期待するレベルを下回った➡「劣っていた」

③　個別項目の評価と総合評価
　評語選択方式の場合、規律性、協調性、積極性、業務知識、仕事の量……
という項目ごとに評価を行い、最後に、個別項目の評価結果を踏まえて、総
合評価を行う（図表1－12）。

図表1－12　個別項目の評価と総合評価の事例

	評価の結果
個別項目の評価	○規律性➡優れていた ○協調性➡優れていた ○積極性➡やや劣っていた ○責任性➡普通 ○業務知識➡普通 ○仕事の量➡やや劣っていた ○仕事の質➡普通
総合評価	○普通

（注）5区分法の場合

（2）得点法
①　得点法とは
　これは、点数で評価するというものである。技法的には、5点満点法、10
点満点法などがある。
　5点満点法の場合には、「きわめて優れていた場合」あるいは「期待水準
を大きく上回った場合」を5点、「きわめて劣っていた場合」あるいは「期
待水準を大きく下回った場合」を0点とし、5～0点の範囲で、整数で採点
する。

②　個別項目の評価と総合評価
　この方式の場合、規律性、協調性、積極性、業務知識、仕事の量……とい

15

第1章　人事考課制度の仕組み

う項目ごとに評価を行い、最後に、個別項目の得点を集計する。集計した数
値のレベルが総合評価の結果となる（図表1−13）。

図表1−13　得点法の事例

	評価の結果
個別項目の評価	○規律性➡4点 ○協調性➡4点 ○積極性➡2点 ○責任性➡3点 ○業務知識➡3点 ○仕事の量➡2点 ○仕事の質➡3点
総合評価	○21点

（3）評語・得点併用法
①　評語・得点併用法とは
　これは、評語による評価と得点による評価とを連結させるものである。
　具体的には、「優れていた」「普通」「劣っていた」などの評語ごとに一定
の得点を定め、評語による評価の結果がすぐに得点に結びつくという取り扱
いをする。
　例えば、5区分方式の場合は、次のように得点化する。
　・きわめて優れていた➡5点
　・優れていた➡4点
　・普通➡3点
　・やや劣っていた➡2点
　・劣っていた➡1点

②　個別項目の評価と総合評価
　この方式の場合、規律性、協調性、積極性、業務知識、仕事の量……とい
う項目ごとに評価を行い、最後に、個別項目の得点を集計して総合評価の結
果とする。得点が多ければ多いほど、人事考課の成績が良かったことを意味

16

第1章　人事考課制度の仕組み

する（図表1－14）。

図表1－14　評語・得点併用法の事例

	評価の結果
個別項目の評価	○規律性➡優れていた➡4点 ○協調性➡優れていた➡4点 ○積極性➡やや劣っていた➡2点 ○責任性➡普通➡3点 ○業務知識➡普通➡3点 ○仕事の量➡やや劣っていた➡2点 ○仕事の質➡普通➡3点
総合評価	○21点

5　人事考課の対象期間

（1）昇給考課の対象期間

　昇給を実施するかどうか、実施するときはいつ実施するかは、.それぞれの会社の自由であるが、

　　・決算年度を4～翌年3月としている
　　・4月に学卒社員が入社してくる
　　・4月に昇進・昇格人事を行っている

などの理由から、年1回4月に実施している会社が圧倒的に多い。

　年1回、4月に昇給を実施ている会社は、「前年4月1日～当年3月31日」の1年を考課の対象期間とするのが合理的である。

　社員1人ひとりについて、

　　・過去1年間の勤務態度
　　・3月時点の職務遂行能力
　　・過去1年間の勤務成績（仕事の量、仕事の質）

を公正に評価する。そして、昇給の額を具体的に決定し、4月以降、昇給額込みの給与を支給する。

17

第1章　人事考課制度の仕組み

（2）賞与考課の対象期間

　賞与（一時金）についても、賞与を支給するかしないか、支給する場合、いつ支給するかは、それぞれの会社の自由であるが、夏季と年末の年2回、会社の業績に応じて支給しているところが多い。社員も、年2回、賞与の支給があるものとして生活設計を立てている。

　年2回、賞与を支給している会社は、夏季賞与、年末賞与のそれぞれについて、支給対象期間を具体的に決める。例えば、次のとおりである。

　　夏季賞与　　前年10月1日〜当年3月31日
　　年末賞与　　当年4月1日〜9月30日

　そして、賞与支給対象者について、賞与対象期間の
　・勤務態度
　・勤務成績（仕事の量、仕事の質）
を公正に評価して、賞与の支給額を決定し、支給日に支給する。

（3）昇進・昇格考課等の対象期間

　昇進・昇格は、会社にとって非常に重要な人事である。一般に、昇進・昇格に伴って、職務上の権限が大きくなるとともに給与が増えるため、社員の関心も高い。

　4月に定期的に昇進・昇格人事を実施ている会社は、「前年4月1日〜当年3月31日」を考課対象期間とする。

　4月に定期的に配置転換人事を実施ている会社は、「前年4月1日〜当年3月31日」を考課対象期間とする。そして、考課対象期間中の勤務態度、職務遂行能力および勤務成績を公正に評価して配置転換を決定する。

　能力開発のための人事考課についても、「前年4月1日〜当年3月31日」を考課対象期間とするのが現実的である。

第1章　人事考課制度の仕組み

図表1−15　考課対象期間

活用目的	考課対象期間
昇給	前年4月1日〜当年3月31日
賞与	夏季賞与　前年10月1日〜当年3月31日 年末賞与　当年4月1日〜9月30日
昇進・昇格	前年4月1日〜当年3月31日
配置・配置転換	前年4月1日〜当年3月31日
能力開発	前年4月1日〜当年3月31日

6　人事考課の対象者と考課者

（1）人事考課の対象者

　人事考課の対象者については、
　・一般社員（役職に就いていない者）とする
　・係長以下の全社員とする
　・課長以下の全社員とする
　・総合職の社員に限定する
　・特定の職種（例えば、営業職）の社員に限定する
などがある。

　人事考課は、「勤務態度、能力および勤務成績に応じた公正な処遇」を目的として実施するものである。

　「昇給の額（率）も、賞与の支給月数も、全社員一律」「昇進・昇格は、年功序列」「勤務成績が良くても良くなくても、処遇には関係なし」というのでは、職場に緊張感が生まれず、仕事への取り組みにも改善意欲が湧かない。

　人事管理の適正化という観点から判断すると、人事考課制度はできる限り広い範囲の社員を対象として実施するのがよい。一般的は、課長以下のすべての社員を対象とするのが適切である。

（2）考課者

　人事考課は、社員一人ひとりについて、その勤務態度、職務遂行能力およ

19

第1章　人事考課制度の仕組み

び勤務成績（仕事の量、仕事の質）を評価するものである。これらを最もよく知り得る立場にあるのは、社員（被考課者）と日常的に接触し、その社員に仕事を指示命令し、仕事の状況を管理監督する役職者（上司）である。

このため、被考課者の上司が人事考課に当たることにするのが現実的・合理的である。例えば、営業課に所属する社員の人事考課は、営業課の役職者（営業係長、営業課長）が行う。また、システム開発課に所属するシステムエンジニアの人事考課は、システム開発課の役職者（システム開発係長、システム開発課長）が行う。

なお、一人の役職者だけで人事考課を行うと、その役職者の個人的な好き嫌いや感情や偏見が人事考課に反映される可能性がある。

人事考課は、会社が制度として行うものである。また、その結果が昇給、賞与および昇進・昇格などの処遇に結び付くものである。したがって、役職者の個人的な好みや感情が考課に反映されるのは、好ましくない。

人事考課の公平性・客観性を確保するためには、複数の役職者が考課に当たることにするのがよい。例えば、一般社員の場合は、係長が一次考課を行い、課長が二次考課を行う（図表1－16）。

図表1－16　被考課者と考課者の関係

被考課者	一次考課者	二次考課者
一般社員	係長	課長
係長	課長	部長
課長	部長	担当役員

第2章

人事考課の項目

1 考課項目の選択基準

（1）「期待」を基準とする

　どの会社も、社員に対して「こういう態度で仕事をしてほしい」「このような能力を習得してもらいたい」「このような仕事をしてほしい」という期待感を持っている。「1日8時間、会社が指示する仕事さえしてくれればそれで十分。勤務態度はいっさい問わない」という会社はありえない。

　人事考課は、社員としての勤務の内容を評価し、その評価の結果を給与・賞与などの処遇に反映させる制度である。したがて、

　　・会社として期待する勤務態度
　　・会社として期待する能力
　　・会社として期待する仕事の成績、成果

を基準として、考課項目を選択することが合理的・現実的である。

　例えば、「職場の規律を守り、自分の仕事に積極的・意欲的に取り組むこと」を期待するのであれば、「規律性」と「積極性」を考課項目に加える。「お客さま（消費者）の立場になって考え、行動する社員が望ましい」と考えるのであれば、「お客さま意識」を考課項目とする。

　また、経営をめぐる環境が厳しくなっていることに対応して「失敗を恐れず、新しいものにチャレンジする力、行動する力を発揮してほしい」と希望するのであれば、「チャレンジ力」「行動力」を考課項目として選択する。

（2）職務との関連性

　どのような考課項目を選択するかは、もとよりそれぞれの会社の自由であるが、項目は、「職務に関連したもの」でなければならない。このため、

　　・職場での勤務態度
　　・担当する職務を遂行する能力のレベル
　　・職務の遂行結果

を評価する。職場における行動と、その行動の結果を評価する。

　職務には直接関係のない事項、すなわち、

21

第2章　人事考課の項目

　　・勤務時間外の生活態度、行動
　　・職務に関係のない能力
は、考課の対象とすべきではない。
　例えば、「ボランティア活動等の社会貢献活動をすること」「近隣の住民との間で良好な人間関係を維持すること」「自治会・町内会の役員として活動すること」は、一人の社会人としては、重要である。しかし、それらは、あくまでも私的・個人的なことであり、本人の職務とは直接の関係はない。したがって、考課の対象項目とすべきではない。

（3）評価の容易性・可能性

　人事考課は、一般に、係長・課長、あるいは部長という役職者が、部下に対して行うものである。
　役職者は、その立場上、他人の態度や能力を評価する力に優れているが、「評価のスペシャリスト」ではない。また、役職者は、「担当部門の業務目標の達成」「部下の指導監督」という本来の職務を抱えている。そうした本来の職務の合間に、人事考課を行う。2日も3日もじっくりと時間を取って、静かな環境の中で、熟慮に熟慮を重ねて部下の評価を行うわけではない。
　このような考課事情を考えると、
　　・役職者が比較的容易に評価できるもの
　　・良かったか、良くなかったかが比較的簡単に判定できるもの
　　　を、考課項目として選択すべきである。
　　・評価に専門的な知識を必要とするもの
　　・評価に時間がかかるもの
は、考課項目としては選択すべきではない。

（4）その他

　その他、
　　・評価の結果を昇給、賞与、昇進・昇格等に反映させることが妥当であること
　　・社員の理解が得られるもの
　　・社会的常識に反しないこと
などにも配慮する（図表2-1）。

22

第2章　人事考課の項目

図表2－1　考課項目の選択基準

基準①	会社として社員に期待する勤務態度、能力または勤務成績であること
基準②	職務に関係のあること（私的なものでないこと）
基準③	考課者が観察等によって把握できること
基準④	評価の結果を昇給、昇進・昇格、賞与等に反映させることが妥当であること
基準⑤	社員の理解が得られるもの。社員が納得するもの
基準⑥	社会的常識・倫理観に反しないこと

2　人事考課の項目

（1）勤務態度に関する項目（一般社員）

　一般社員（非役職者）は、会社に雇用され、会社の指示命令に従って、会社から指示命令された業務を遂行する立場にある。したがって、一般的に、次のような項目を考課項目として選択するのが合理的・現実的である。

①　規律性

　会社は、業務を組織的・効率的に遂行するため、社員が職場において守るべきルールを定めている。

　次のようなものは、代表的なルールである。

・無断欠勤をしないこと。欠勤をするときは、あらかじめ会社に届け出ること
・遅刻、早退をしないこと。遅刻、早退をするときは、あらかじめ会社に届け出ること
・勤務時間中は、みだりに職場を離れないこと
・勤務時間中は、職務に専念すること。同僚との私語、携帯電話は慎むこと
・会社、上司の指示命令に従うこと
・会社の機械、設備、備品、商品等を大切に取り扱うこと

社員がこれらのルールを守らないと、職場の業務に著しい支障が生じる。

23

第2章　人事考課の項目

職場に課せられた業務目標を達成できなくなる。また、一部の社員がルール違反を繰り返すと、職場の規律が乱れると同時に、人間関係が悪くなる。

規律性を問うことは、必要不可欠である（図表2－2）。

図表2－2　規律性の重要さ

規律性とは何か	規律性が低下すると……
○無断欠勤をしないこと。欠勤をするときは、あらかじめ会社に届け出ること ○遅刻、早退をしないこと。遅刻、早退をするときは、あらかじめ会社に届け出ること ○勤務時間中は、みだりに職場を離れないこと ○勤務時間中は、職務に専念すること。同僚との私語、携帯電話は慎むこと ○会社、上司の指示命令に従うこと ○仕事上の権限を乱用しないこと ○他の社員に性的な嫌がらせをしない ○その他、会社の規則・規程で定められていることを守ること	●職場の業務目標が達成できなくなる ●生産コスト、販売コストが上昇する ●消費者からのクレームが増える ●品質が低下する ●職場の人間関係が悪くなる

② 協調性

会社は、2人以上の者が仕事を行う組織である。自分一人で勝手に仕事をする場所ではない。

職場の仕事がうまく回るためには、そこで働く者が他の者に気を配り、互いに協力・協調することが必要である。協調性の重要さは、いくら強調してもしすぎることはないであろう。

仕事の進め方や手段・方法について、自分なりの考えがあれば、その考えを上司や同僚に伝えるのは良い。しかし、自分の考えに強くこだわるのは感

24

心しない。自分の意見が通らなかったときに、公然と不平不満を口にしたり、上司や同僚を非難したりするのは良くない。

　また、職場で何か問題が生じたときは、職場全体で協力してその問題の解決に取り組むべきである。「問題やクレームやトラブルは、それを起こした社員だけが取り組めばそれでよい」という傍観者的な態度をとることは感心しない（図表2－3）。

図表2－3　協調性の重要さ

協調性とは何か	協調性が低下すると……
○他の社員との人間関係に配慮して業務を進めること ○他の社員の主張、意見を尊重すること ○他の社員に対して、自分の意見、主張に従うよう強要しない ○職場で決定したことには、従うこと ○他の社員の悪口を言わないこと ○他の社員を批判、非難、中傷しないこと ○仕事上の個人的な不満を口外することは差し控えること	●職場の人間関係が悪くなる ●職場のコミュニケーションが悪くなる ●会社・上司の指示命令が浸透しなくなる ●業務の生産性が低下する ●職場の規律が低下する ●クレームやトラブルに対し、職場全体としての対応ができない

③　積極性

　会社の立場からすると、社員が、
　　・担当する仕事
　　・仕事についての知識の増大
　　・仕事に要する時間、コストの低下
　　・仕事の質の向上
などに、積極的・意欲的に取り組むことが望ましい。「会社から指示された仕事をすればそれでよい」という態度をとるのは感心しない。

　社員一人ひとりが仕事に積極的・意欲的に取り組むことにより、職場の業務目標の達成が図られる（図表2－4）。

第2章　人事考課の項目

図表2-4　積極性の重要さ

積極性とは何か	積極性が低下すると……
○上司から指示命令された業務に積極的・意欲的に取り組むこと ○業務範囲の拡大に、前向きに取り組むこと ○担当業務の改善・能率の向上に努めること ○忙しいときは、進んで時間外勤務をすること ○業務知識の向上に努めること	●仕事の能率が上がらない ●指示命令された業務を、指示された期日までに遂行できない ●職場全体の業務目標を達成できない ●納期遅延が生じる。取引先の信用・信頼を失う ●社員の職務遂行能力が向上しない ●職場の活力が低下する。停滞感に包まれる

④　**責任性**

　会社は、業務を組織的・効率的に行うため、

　・部門ごとに業務目標を決める

　・社員一人ひとりについて、職務の内容を決める

という方式を採用している。

　社員は、会社から指示された業務を責任を持って確実に遂行・達成することが求められている。

　社員一人ひとりが自分の職務を遂行・達成することにより、部門の業務目標が達成される。各部門がそれぞれの業務目標を達成することにより、会社全体の経営目標・業績目標が達成される。

　社員一人ひとりについて、「日ごろから自分の責任を意識して仕事に取り組んでいるか」「責任感が強いか」を評価する。

　なお、以上の規律性、協調性、積極性および責任性は、勤務態度考課の標準的な項目で、各社で広く採用されている。「規律性、協調性、積極性、責任性以外は評価しない」という会社も多い。

第2章　人事考課の項目

図表2-5　責任性の重要さ

責任性とは何か	責任性が低下すると……
○会社・上司から指示命令された業務を、指示命令された期限までに、最後までやり終えること ○指示命令された業務を、指示命令された期限までに完遂できないときは、完遂できない理由を、あらかじめ会社・上司に報告すること ○期限までに完遂できない理由について、合理的な理由のあること	●職場の業務目標が達成できなくなる ●品質が低下する ●取引先または消費者に対して、一定のサービスを提供できなくなる ●職場の規律が低下する

⑤　報告・連絡・相談

　会社としては、社員の仕事の進捗状況を的確に把握する必要がある。仕事が順調に行われているのか、何かトラブルや問題が生じていないかを、正しく掌握しておかなければならない。

　仕事の内容や量的な目標値を指示するだけで、あとはいっさい関与しないという、自由放任の管理方法は問題である。

　職場の業務運営を円滑に行うためには、社員との日常的なコミュニケーションが必要となる。そのような観点からすると、社員一人ひとりについて、

　・仕事の進捗状況を定期的に、あるいは随時、正確に会社（上司）に報告しているか

　・仕事においてトラブルや問題が生じたときは、その内容を直ちに正確に会社に報告しているか

　・仕事の進め方やトラブル・クレームへの対応方法などを、必要に応じて会社に相談しているか

　・仕事において困ったことが発生したときは、気軽に会社に相談し、その解決に努めているか

など、日常の報告・連絡・相談の姿勢（いわゆる報・連・相）を考課の対象項目とするのがよい。

27

第2章　人事考課の項目

⑥　改善意欲

　社員の多くは、「会社から指示された仕事を正確に処理すればそれでよい」
と考えている。確かに、指示された仕事を指示内容や業務マニュアルにした
がって正確に遂行することは重要である。

　しかし、会社の立場からすると、仕事の改善（処理時間の短縮、処理する
量の増加、品質の向上、ミス発生率の低下……）の必要性を意識し、前向き
に取り組んでくれることが望ましい。社員一人ひとりの改善意欲が会社全体
の生産性の向上に結び付く。そこで、

　　・仕事を改善しようとする姿勢が見られるか
　　・現在の仕事の進め方に問題意識を感じているか
　　・自分なりに仕事の効率化に取り組んでいるか
を、評価する。

⑦　信頼性

　会社では、さまざまな場面や状況のもとで、一定の約束や申し合わせが行
われる。例えば、

　　・毎週月曜の午前10時から、ミーティングを開くので、参加する
　　・取引先へ提出する企画書を終業時刻までに作成する
　　・担当する取引先への販売実績（販売量・販売価格・納期その他）を正確
　　　にデータベースに登載する
　　・不要になった書類は、必ずシュレッダーで裁断する
　　・業務改善月間には、一人１件以上の改善提案を出す
などである。重要な約束事もあれば、そうでないものもある。

　社員は、そうした約束事や申し合わせ事項を誠実に守らなければならない。
守ることによって、職場の同僚から信頼される。同僚に信頼されているかど
うかは、職場の一員として非常に重要である。同僚からの信頼が薄いと、仕
事はうまく進まない。

　「同僚から信頼されているか」「信頼の程度はどれくらいか」を考課の対象
としている会社もある。

⑧　時間意識・時間活用

　「時は金なり」という言葉がある。ビジネスの世界では、勤務時間が限ら
れているうえに、時間に対して給与（賃金）が支払われる仕組みになってい

28

第2章　人事考課の項目

るから、時間を少しでも有効に使って業務を遂行することが求められている。

　社員一人ひとりが勤務時間の重要性を意識し、勤務時間を上手に使って仕事をすれば、会社全体として、業務の効率化、生産性の上昇が図られる。対外的な競争力も、強化される。残業時間も減少し、時間外勤務手当の支給額の削減も図られる。

　このため、
　・勤務時間の有効活用の重要性を意識しているか
　・勤務時間を上手に使って仕事をしているか
　・勤務時間中は、職務に集中しているか
　・雑談、私語、私用電話などで、時間をムダに過ごしていないか
などを評価する。

　時間意識・時間活用を考課項目に加えることにより、時間意識の高揚、時間活用の改善の動機づけを図る（図表2-6）。

図表2-6　時間意識・時間活用の評価の目的と効果

目的	効果
時間意識の高揚・時間活用の改善	○業務の効率化、生産性の上昇 ○業務処理量の増大 ○消費者へのサービスの向上 ○残業時間の減少 ○時間外勤務手当費の削減

⑨　**自己啓発**

　職場の環境は、年々激しく変化している。仕事の遂行に必要な知識も、年々拡大し、多様化している。このような激しい変化にスムーズに対応していくためには、「知識を増やそう」「仕事に必要な情報を幅広く収集しよう」という姿勢と意欲が必要である。

　現在ほど、自己啓発が必要な時代はないといわれる。日ごろから自己啓発の必要性を自覚し、自分でできる方法を選択して自己啓発に取り組まないと、時代の流れ、社会の動き、ビジネスの潮流から取り残される可能性がある。

　このため、
　・仕事に必要な知識の習得に、自主的に取り組んでいるか

29

第2章　人事考課の項目

　　・技術・技能の向上に、自分なりに取り組んでいるか
　　・仕事に関係する情報を日ごろから収集しているか
など、自己啓発の状況を考課の対象とする。

⑩　消費者（お客さま）志向性
　小売業やサービス業のように、不特定多数の消費者を相手とする業種の場合には、社員は、消費者の立場に立って考え、消費者の気持ちに寄り添って行動することが求められる。それによって、消費者に信頼され、愛される会社となり、事業の繁栄がもたらされる。
　消費者への心配りや、思いやりや、希望・期待を顧みない会社は、永続的に売り上げを伸ばすことはできない。このため、日ごろから社員に対して、「消費者の立場に立って思考すること」「消費者の気持ちに寄り添って行動すること」の必要性・重要性を強調するとともに、
　　・消費者（お客さま）に明るく、親切に接しているか
　　・接客態度に問題はないか
　　・年配の消費者や身体の不自由な来店者に、親切、丁寧に応対しているか
　　・消費者からのクレームに適切に対応しているか
などを評価する。

⑪　安全意識
　製造業、建設業、運輸業などでは、安全への配慮がきわめて重要である。災害や事故が発生すると、社員に重大な被害が及ぶと同時に、会社の社会的な信用が低下する。「安全よりも利益を重視ている」という噂が流れ、売り上げや利用者数が激減し、業績が低迷することもある。
　このため、会社として安全対策を講じるとともに、社員に対して、常に作業の安全を意識して作業をするよう指示する。そのうえで、
　　・作業の安全への意識が高いか
　　・安全に配慮して仕事を進めているか
　　・所定の作業服、安全帽、安全靴を着用して作業を進めているか
　　・安全マニュアルの内容を正しく理解しているか
などを評価する。

（２）勤務態度考課の考課ポイント（一般社員）

　ここで、一般社員の勤務態度考課の各考課項目について、その考課ポイント（着眼点）を取りまとめると、図表２−７のとおりである。

図表２−７　勤務態度の考課項目の考課ポイント（一般社員）

考課項目	考課のポイント
規律性	・会社の規則を誠実に遵守しているか ・会社や上司の指示命令をきちんと守って仕事をしているか
協調性	・上司、同僚との人間関係に気を配って仕事をしているか ・職場の和を重視して仕事をしたか
積極性	・仕事に積極的・意欲的に取り組んでいるか ・仕事の範囲の拡大、能率の向上に対する姿勢が見られるか
責任性	・仕事の目標を期日までに確実に達成しているか ・安易に上司・同僚に助けを求めることはないか
報告・連絡・相談	・仕事の進捗状況を定期的に、正確に会社（上司）に報告しているか ・仕事においてトラブルや問題が生じたときは、その内容を直ちに正確に会社に報告しているか
改善意欲	・仕事を改善しようとする姿勢が見られるか ・現在の仕事の進め方に問題意識を感じているか
信頼性	・職場の同僚や仕事の関係者から信頼されているか ・同僚との人間関係は円満か
時間意識・時間活用	・勤務時間を上手に使って仕事をしているか ・勤務時間中は、仕事に集中しているか ・重要性、緊急性をよく判断して、やるべき仕事を選択しているか

第2章　人事考課の項目

自己啓発	・仕事に必要な知識の習得・拡大、技術・技能の向上に、自主的に取り組んでいるか ・仕事に関係する情報を日ごろから収集しているか
消費者（お客さま）志向性	・お客さまの立場に立って考え、お客さまの気持ちに寄り添って行動しているか ・お客さまに明るく、さわやかに接しているか
安全意識	・安全に配慮して仕事を進めているか ・所定の作業服、安全帽、安全靴を着用して作業を進めているか

（3）勤務態度に関する項目（役職者）

　役職者は、所管部門を統括・管理し、部門の業務目標を達成する責任を負っている。したがって、次のような項目を勤務態度考課の考課項目として選択するのが合理的・現実的である。

①　積極性

　役職者は、部・課・係という部門の最高責任者である。経営の第一線のリーダーである。

　役職者は、「自分は役職者で、経営責任を負っている」という意識を持って、
　・部門の業務目標の達成
　・業務の効率化、生産性の向上
　・部門の経営資源（人材・機材・資金・情報等）の有効活用
　・職場の一体感の形成
　・部下の人材の指導育成
など、その任務に積極的・意欲的に取り組むことが期待されている。

　役職者の勤務態度は、部下のそれに大きな影響を与える。役職者が業務に積極的・意欲的に取り組まないと、部下も仕事に熱心には取り組まないようになる。

　このため、役職者一人ひとりについて、
　・業務目標の達成に向けて、部下の先頭に立って、積極的・意欲的に取り組んでいるか

第2章　人事考課の項目

　・業務の改善、生産性の向上に努めているか
　・部下の指導育成に努めているか
などを評価する。

図表2-8　役職者の積極性の欠如による問題

役職者の積極性とは	役職者に積極性が欠如すると……
所管部門の業務目標の達成、部下の業務の管理監督、業務の改善、部下の指導育成等に積極的・意欲的に取り組むこと	●部門の業務目標が達成できない ●業務の改善が図られない ●職場の空気が沈滞する ●部下が上司に不信感を抱き、軽視するようになる

② 責任性
　役職者は、所管部門の業務を責任を持って達成することが求められている。役職者に対しては、どの会社も一定の役職手当を支給しているが、役職手当は、役職者としての業務遂行に対する報酬である。
　役職者がその責任と役割を強く自覚していない会社は、「組織」「経営体」とはいいがたい。
　役職者について、
　・役職者としての責任感、使命感があるか
　・自分の責任を確実に果たそうとして行動しているか
　・業務目標の達成に向けて、計画的に取り組んでいるか
　・業務目標達成のために、手段・方法が具体的に講じられているか
　・部門の業務目標の内容を部下に周知しているか
　・業務目標の達成状況が良くないときに、「経営環境が厳しすぎる」「部下の質が良くない」などと、その責任を経営環境や部下に転嫁する発言をしていないか
を、評価する。

33

第2章　人事考課の項目

図表2－9　役職者の責任性の欠如による問題

役職者の責任性とは	役職者に責任制が欠如すると……
役職者としての使命と責任を確実に果たすこと	●業務目標が達成できなくなる ●他の部門との協力が困難となる ●優れた部下が育たなくなる ●職場に緊張感がなくなる ●部下も無責任な態度を取るようになり、職場の規律が保てなくなる

③　経営認識

　役職者は、労働法上は、経営者から雇われているという立場にある。しかし、組織的には、「経営者を補佐する」という立場にある。したがって、経営理念・経営方針を正しく理解し、その実現のために行動する責任を負っている。

　「所管部門の業務実績を上げるため」という理由で、経営方針に反することを部下に指示命令することは許されない。

　また、何か新しい事業を始めるときや、他社との間で協定や契約を結ぶときは、それが経営方針・経営理念に沿うものであるかを改めて確認しなければならない。

　このため、役職者について、

　・経営理念、経営方針を正しく理解しているか
　・経営理念、経営方針に沿う形で、部門の業務運営を行っているか
　・部門の利益のために経営理念、経営方針に反する行動をすることはないか
　・部門の利害得失にこだわることなく、大局的な立場から判断して意思決定をしているか
　・他の部門と協調・協力して業務を遂行しているか
　・業務分掌に違反することはないか

などを、公正に評価する。

④　コスト意識

　会社経営において、生産コスト・販売コストの削減はきわめて重要である。コストを削減し、販売価格を低下させることにより、一定の売上が確保され

る。販売価格を下げれば商品は必ず売れるというほど甘いものではないが、価格が高くては商品は売れない。

経営環境が厳しさを増す中で、どの会社もコストの削減・低下に真剣に取り組んでいる。

コストの削減を実現できるかは、経営の第一線の責任者である役職者の姿勢によるところが大きい。役職者がコスト削減の重要性を厳しく認識し、日ごろから業務の合理化、無駄の排除に取り組むことにより、コストの削減が図られる。

このため、
・コスト削減の重要性、必要性を認識しているか
・コスト意識が強いか
・日ごろから無駄の排除に真剣に取り組んでいるか
・部下に対して、コスト削減の必要性を周知徹底させているか
を評価する。

⑤　チャレンジ性・革新性
厳しい経営環境を生き延びるためには、新しい生産方法、新しい事務処理方法、業務の合理化・革新、新商品の開発、新しい事業分野への進出……に意欲的にチャレンジすることが必要である。

これまでのビジネスモデルに強くこだわっていると、徐々に売上や利益が減少したり、競争力が低下したりする。その結果、競争社会からの退場を迫られる。

役職者について、
・仕事の進め方がマンネリになっていないか
・失敗を恐れることなく、新しい業務処理方法にチャレンジしているか
・業務の合理化、生産性の向上などに積極的にチャレンジしているか
などを評価する。

⑥　倫理性
会社による不祥事が後を絶たない。検査データの改ざん、官庁への虚偽報告、補助金の不正受給……。不祥事が起こるたびに、社長以下の役員が深々と頭を下げて謝罪するシーンが繰り返し、テレビで放映される。

役職者は、現場の業務の最高責任者である。したがって、厳しい倫理観を

持って、現場の業務を管理監督したら、不祥事は発生しない。「少しくらいのデータ改ざんは許される」「コストの削減のためには、不正もやむを得ない」「他社でもやっている」という甘えや緩みが不正を生む。

　不正が発覚し、マスコミで大きく報道されると、会社の社会的信用が著しく低下し、業績が悪化する（図表2－10）。

　役職者について、

　・倫理意識が強いか

　・法令を遵守して業務を行っているか

　・自ら現場の業務の実態をチェックしているか

　・部下に対して、法令順守の必要性を周知しているか

を評価する。

図表2－10　役職者の倫理性欠如による問題

役職者の倫理性とは	会社が不祥事を起こすと……
法令を誠実に順守して、業務を遂行すること	●法的責任を問われることがある ●官庁の入札から締め出されることがある ●取引先が離反する ●会社の社会的な信用が低下し、業績に影響が出る

（4）勤務態度考課の考課ポイント（役職者）

　ここで、役職者の勤務態度考課の各考課項目について、その考課ポイント（着眼点）を取りまとめると、図表2－11のとおりである。

第2章　人事考課の項目

図表2－11　勤務態度の考課項目の考課ポイント（役職者）

考課項目	考課のポイント
積極性	・所管部門の業務目標の達成に向けて、積極的・意欲的に取り組んでいるか ・業務の改善、生産性の向上、無駄の排除などに努めているか
責任性	・役職者としての責任感、使命感を自覚しているか ・業務目標の達成、部下の指導育成に向けて、計画的に取り組んでいるか
経営認識	・経営方針、経営理念に沿う形で、部門の業務運営を行っているか ・部門の利害得失にこだわることなく、大局的な立場から判断して意思決定をしているか ・他の部門とよく協調・協力して業務を遂行しているか
コスト意識	・日ごろからコストの削減、無駄の排除に真剣に取り組んでいるか ・日ごろから部下に対して、コスト削減の必要性を周知徹底させているか
チャレンジ性・革新性	・所管部門の仕事の進め方や業務運営がマンネリになっていないか ・失敗を恐れることなく、新しい業務処理方法にチャレンジしているか
倫理性	・法令を遵守して所管部門の業務を行っているか ・自ら現場に足を運び、現場の業務の実態をチェックしているか

（5）職務遂行能力に関する項目（一般社員）

① 知識・技術・技能

　どのような業務でも、その業務を遂行するためには、一定の知識または技

37

術・技能を持っていることが必要である。

　例えば、店頭における商品の販売業務についていえば、取扱商品の効能・機能・品質等のほか、客への応対方法、販売代金の取り扱い、レジの操作、クレジットカードの取り扱いなどについて、一定の知識と技能を持っていることが求められる。

　部品による機械の組み立て作業の場合には、工具の取り扱い、組み立ての手順・方法、部品の形状・材質、安全器具の取り扱いなどについて、一定の知識と技能を習得している必要がある。

　知識、あるいは技術・技能のレベルは、品質と生産性に大きく影響する。

　社員一人ひとりについて、担当業務の遂行に必要とされる知識・技術・技能のレベルを評価する。

② 　コミュニケーション能力（理解力・判断力・表現力）

　職場の業務を円滑に遂行するために、会社や役職者は、社員に対してさまざまな指示命令を出す。「今週は、この仕事を優先的に処理してほしい」「今月は、1人〇個以上、職場全体で〇〇個以上生産したい」「銀行に提出する書類は、月の中旬までに作成してもらいたい」……。

　全社員に向けて指示が出されることもあれば、特定の部門に限って出される場合もある。また特定の個人にだけ、指示が出されることもある。

　社員は、会社・上司から出される指示命令、あるいは伝達事項の趣旨・内容を正しく理解して、職務を遂行しなければならない。理解力、判断力が十分でないと、職場の業務に支障が生じる。

　一方、会社は、業務を円滑に行うために、社員に対してさまざまな報告を求める。職務の進捗報告、結果報告、事故やトラブルが生じたときは、その内容の報告、お客からクレームを受けたときは、その報告、外部の会議に会社を代表して参加したときは、その会議の報告、出張したときの報告……。報告をいっさい求めない会社は存在しないであろう。

　会社への報告は、正確、かつ簡潔でなければならない。

　社員について、コミュニケーション能力（理解力・判断力・表現力）を評価する。

③ 　実行力・行動力

　社員がいくら立派なことを話しても、あるいは独創的なアイディアを思い

第2章　人事考課の項目

ついても、それを実行しなければ、何の価値もない。

「事務処理をこのように変更すれば、能率が向上し、人手が省ける」といっても、実際に実行しなければ、業務の効率化は図れない。「こういう商品を開発し、販売すれば、消費者に喜ばれ、大いに売れる」といっても、現実に商品開発という行動に移さなければ業績にはつながらない。

会社にとって必要なのは、「理論」ではなく、「実行」「行動」である。多少の困難や障害に直面しても、それを克服して前へ進もうとする、強い意志である。

社員の実行力・行動力を評価する。

以上の「知識・技術・技能」「コミュニケーション能力（理解力・判断力・表現力）」および「実行力・行動力」は、一般社員の考課項目として、業種を問わず多くの会社で採用されている。

図表２－12　知識・技術・技能・コミュニケーション能力・実行力の定義

項目	定義
知識・技術・技能	担当する業務を正確に遂行するために必要とされる知識、または技術・技能
コミュニケーション能力（理解力・判断力・表現力）	会社または上司の指示命令、伝達事項、連絡事項の内容を正しく理解し判断するとともに、会社または上司に報告すべき事項を、口頭または文章等で正確・簡潔に報告する能力
実行・行動力	多少の困難や障害に直面しても、それを克服して自分の職務・任務または役割を遂行する能力

④　**計画力**

仕事は、「今日中に」「２日以内に」「今週中に」あるいは「１ヶ月以内に」という形で、期限を区切って指示命令されるのが一般的である。期限が明示されないものは、その重要性が乏しく、やってもやらなくても差し支えないものであるから、仕事とはいえない。

期限を示された仕事を期限までに完成・完了させるためには、仕事の手段・方法、手順および作業内容ごとの時間配分などについて、あらかじめ合理的・

39

現実的な計画を立てる必要がある。

　仕事の進め方が各人の裁量にゆだねられている仕事（一般事務、営業、研究、開発、企画）ほど、計画力が求められる。このため、

　　・職務の遂行、目標の達成について、合理的な計画を立てられるか
　　・合理的な計画を立てて、職務に取り組んでいるか
　　・指定した期限が確実に守られているか
　　・業務の達成目標が達成されているか

などの観点から、計画力の有無、計画力のレベルを評価する。

⑤　折衝力・交渉力

　社外の会社や個人などとの折衝や交渉に当たる業務に従事している者が少なくない。営業社員は、その代表ともいえる。

　折衝・交渉をうまく進めて会社としての目的を達成するには、一定の能力が求められる。会社の意見や考えや方針を一方的に主張するだけでは、交渉は成立しない。相手方の立場にも十分配慮しなければならない。

　交渉には、時間がかかる。1回相手と顔を合わせて会社の意見や希望を伝えただけで、交渉が成立するということは、普通は考えられない。交渉を成立させるには、粘り強さが必要だ。

　社外の会社などとの折衝・交渉に従事する社員が多い会社は、折衝力・交渉力を考課項目とするのがよい。

⑥　外国語力

　ビジネスにおいて日常的に外国語を使用する職場が増加している。日常的に使用しないまでも、使用頻度が以前よりも著しく増加している職場も多い。

　そのような職場では、当然のことながら、外国語を読んだり、書いたり、話したり、あるいは相手の会話を正しく理解する能力が要求される。外国語の能力が不十分であると、業務に支障が生じる。せっかくのビジネスチャンスを逃すことにもなりかねない。

　しかし、社員が外国語の能力を身に着けていれば、外人客を取り込んだり、売り上げを伸ばしたりすることができる。

　外国語を必要とする職場や職種は、今後一層増加することが見込まれる。

　外国語を日常的に使用する会社、あるいは使用頻度の高い会社は、外国語の使用能力を考課項目とする。

第2章　人事考課の項目

⑦　業務改善力

　同じ仕事を長く続けていると、仕事の進め方がとかくマンネリとなる。

　例えば、生産現場の場合、1個の製品を生産するのに、数年前と同じ時間とコストをかける。

　小売業の場合は、同じ商品を同じ売り方で売る。数年前と同じ販売方法、接客態度、陳列方法を踏襲する。

　このようなやり方では、業績の向上は期待できない。

　業績の向上、生産性の上昇を図るためには、社員一人ひとりが仕事の改善、コストの軽減、品質の向上、あるいはサービスの合理化などに創意工夫を図ることが必要だ。「どうしたら仕事をいまよりも短い時間で処理できるか」「どうしたらコストを下げることが可能か」「お客さまサービスは、どのように改めるのがよいか」を考えて、仕事に取り組むことが望ましい。

　社員一人ひとりが創意工夫を図ることにより、会社全体として業務の改善が図られ、コストの軽減が実現する。

　社員一人ひとりについて、
　・仕事の効率化、コストの低下などについて、自分なりに創意工夫を図っ
　　ているか
　・仕事の進め方がマンネリになっていないか
を、評価する。

⑧　情報収集力

　どのような仕事でも、その仕事の改善や質の向上を図るためには、その仕事に関する情報を幅広く集める必要がある。集めた情報について、「自分の仕事に役立てられるか」をチェックする。そして、「これは役に立ちそうだ」と判断したものを、職務において実際に活用してみる。

　例えば接客サービスの場合、同業他社の店舗を利用したり、友人・知人の話を聞くなりして、「他の店舗では、来店者を増やすためにどのような工夫をしているか」「来店した客に対して、どのようなアプローチをしているか」「リピートの客に対して、どういうサービスを行っているか」などの情報を集める。集めた情報の内容をチェックし、「これは、当社でも実施した方がよい」と判断したものを実際に採用したり、あるいは採用するよう、上司に進言する。

　情報の収集能力を考課の対象とする。

41

第2章　人事考課の項目

⑨　バランス感覚

　どのような仕事でも、どのような職種でも、他人（上司・同僚、他の部門の社員、消費者・来店者、取引先、その他）との接触が必要となる。他人と話をしたり、交渉・折衝をしたりして、仕事が進められる。他人との接触がいっさいない仕事は、いまの社会では考えられない。

　他人との接触を円滑に行うためには、ある程度、「バランス感覚」を持っていることが必要である。

　「バランス感覚」とは、周知のように、物事の善悪や重要性、会社にとっての利害・損得などを公平に判断することである。バランス感覚が、職場での合意形成、取引先・消費者との契約の締結等において、きわめて重要な役割を果たす。

　このため、「バランス感覚があるか」を評価する。

第2章　人事考課の項目

図表２－13　計画力・折衝力・交渉力・外国語力・業務改善力・情報収集力・
バランス感覚の定義

項目	定義
計画力	仕事の遂行に関して、その手段・方法、手順および作業内容ごとの時間配分などについて、あらかじめ合理的・現実的な計画を立てる能力
折衝力・交渉力	相手方の立場や事情などに十分配慮し、会社の意見・希望を具体的に提示し、相手を納得させて、交渉を成立させる能力
外国語力	業務において日常的に使用される外国語、あるいは使用頻度の高い外国語のレベル
業務改善力（創意工夫力）	業務の改善、コストの低下、品質の向上などについて、自分なりに創意工夫を図って推進する能力
情報収集力	自分の職務の改善、または職場の業務の改善に役に立つと思われる情報をさまざまな方法で収集し、それを会社や上司に伝える能力
バランス感覚	物事の善悪や重要性、会社にとっての利害・損得などを、公平・客観的に判断できる能力

⑩　営業トラブル対応力
　営業活動については、
　　・契約した支払日に支払いが行われない
　　・販売代金の一部しか支払いが行われない
　　・納期までに納品したのに、検収が行われない
　　・理由を告げられないまま、返品された
　　・販売価格よりも高い価格で他に転売された
など、さまざまなトラブルが生じる。
　トラブルに対しては、事実関係を確認したうえで、迅速、かつ的確に対応しなければならない。対応が遅れれば遅れるほど、解決が難しくなる。場合によっては、販売代金の回収不能という最悪の事態を招く。

43

営業社員について、トラブルへの対応力を問う。

⑪　お客さまクレーム対応力

　小売業、サービス業など、不特定多数の客を相手とする業種では、客から「接客態度が良くない」「商品にキズがついている」「量目が少ない」「商品の陳列方法が良くない」など、さまざまなクレームを受ける。

　クレームは、客の誤解や思い込みから生じるものもあれば、販売する側の不注意やミスで生じるものもある。中には、販売店舗に損害を与えることを目的とした悪質なクレームもある。

　クレームに対しては、その内容に応じて迅速・的確に対応しなければならない。「問題をこじらせたくない」という配慮から、無条件で客の言い分を認めてしまうのは感心しない。

　会社としては、「こういうクレームに対しては、このように対応する」というように、内容に応じた対応基準を現実的・合理的に定め、社員にその基準を周知しておくことが望ましい。そのうえで、「会社が定めた基準を守ってクレームを処理しているか」という観点から、社員を評価する。

⑫　気力・体力

　仕事には、一般に困難や支障が付き物である。それを克服するには、強い意志（気力）が必要である。

　また、忙しい時期が続くときがある。また残業や出張が続くときもある。忙しい仕事に耐えるには、体力が必要である。

　仕事を進めていくには、気力と体力が必要である。気力と体力さえあればどんな仕事でもできる、というほど甘いものではないが、気力と体力の必要性は、いくら強調しても強調しすぎることはないであろう。

　気力があっても、体力が不十分では、長く仕事を継続していけない。体力があっても、気力が乏しければ、困難や障害に直面したときに、すぐに手を挙げてしまう。気力と体力の双方を備えていることが望ましい。

　気力と体力を備えているかを評価する。

⑬　ストレス耐性

　仕事をしていると、ストレスが溜まる。仕事が思うように進まないというストレスもあれば、職場の人間関係に起因するストレスもある。また、営業・

販売・サービスなどの対人的な業務に従事する者は、「取引先の担当者の要求が厳しい」「お客からクレームを受ける」ということで、ストレスを感じる。

　ストレスをいっさい感じないという職種は、存在しないであろう。また、仕事でストレスを感じることはない、という人もいないであろう。

　ある程度のストレスはやむを得ない。しかし、ストレスが嵩じると、仕事に支障が生じる。

　働く者にとって、ストレスに耐える力を強くすることが大切だ。また、自分なりにストレスを発散させる方法を身に附けることも、重要だ。

　ストレスに強いかかどうかを評価する。

図表2－14　営業トラブル対応力・お客さまクレーム対応力・気力・体力・ストレス耐性の定義

項目	定義
営業トラブル対応力	支払遅延など、営業業務において発生するトラブルに対して、迅速、かつ的確に対応する能力
お客さまクレーム対応力	会社が定めた「お客さまクレーム対応基準」にしたがって、お客さまのクレームを迅速、かつ的確に処理する能力
気力・体力	多少の困難や障害に直面しても、それを克服して仕事を進めていける気力と体力を備えていること
ストレス耐性	仕事の内容や職場の上司・同僚・部下等の人間関係などに起因するストレス（精神的緊張・不安）に耐える能力

（6）職務遂行能力考課の考課ポイント（一般社員）

　ここで、一般社員の職務遂行能力の各考課項目について、その考課ポイント（着眼点）を示すと、図表2－15のとおりである。

第2章　人事考課の項目

図表2-15　職務遂行能力の考課項目の考課ポイント（一般社員）

項目	考課のポイント
知識・技術・技能	担当する職務の遂行に必要な知識、技術または技能を習得しているか
コミュニケーション能力（理解力・判断力・表現力）	・上司の指示命令や伝達事項を正しく理解できるか ・指示命令されたことを、指示命令されたとおりに遂行しているか ・仕事の進み具合や結果を口頭または文書等で正確・簡潔に表現できるか ・話し方・書き方が冗長でないか
実行力・行動力	・多少の困難や障害があっても、仕事を確実に進めていくことができるか ・仕事に対する粘り強さがあるか
計画力	・目標を達成するための合理的・現実的な計画を作成できるか ・仕事の進め方について、あらかじめ実行可能な手順、方法、予定時間を考えているか
折衝力・交渉力	・取引先に対して会社の商品のセールスポイントなどを分かりやすく説明・PRし、商談をまとめることができるか ・取引先の立場や主張にも配慮して、販売交渉を進められるか
外国語力	・業務上必要な外国語を読み、書き、話し、聞くことができるか ・外国語によるビジネス・コミュニケーションのレベルは、どの程度か
業務改善力（創意工夫力）	・仕事の効率化、コストの低下などについて、創意工夫、改善を図っているか ・仕事の進め方がマンネリに陥っていないか

情報収集力	・担当する業務に役に立つ情報を、会社の内外から幅広く収集しているか ・業務に関する話題が豊富か
バランス感覚	・物事の善悪や重要性、会社にとっての利害・損得などを、公平かつ客観的に判断できるか ・考え方や行動に、偏りはないか ・自分の意見や考えに、強くこだわることはないか
営業トラブル対応力	・営業業務においてトラブルが生じたときに、トラブルの内容に応じて適切な対策を講じることができるか ・取引先とのトラブルを会社に正確に報告しているか
お客さまクレーム対応力	・お客さまとの間でトラブルが生じたときに、適切に対応できるか ・お客さまからのクレームを現実的に解決できるか
気力・体力	・多少の困難や支障に直面しても、それを克服して仕事を前へ進めていける気力（意欲）と体力を備えているか ・仕事に対して弱音を吐いたり、不満を漏らしたりすることはないか ・仕事が忙しくても、休まずに続けられるか
ストレス耐性	・仕事や職場の人間関係などに起因するストレス・緊張感・不安に耐えられるか ・ストレスが原因で、仕事や職場の人間関係に支障が生じていないか

（7）職務遂行能力に関する項目（役職者）

① 統率・管理力

　役職者は、部門に割り当てられた業務を確実に遂行すべき責任を負っている。その責任を果たすためには、部下を一つにまとめ、同じ方向へ向かって行動させなければならない。各部下が勝手に思い思いの行動をしていたので

第2章　人事考課の項目

は、部門業務の効率的な遂行と部門目標の達成は、期待しがたい。

　部下を統率・管理するためには、

　・部門業務の年度目標を役職者の責任で具体的に定めること

　・年度の業務目標を部下全員に周知すること

　・部下一人ひとりについて、その役割を定め、本人に伝えること

　・部下が自分の役割を果たしているかを定期的にチェックすること

が必要である。

　統率力を発揮するためには、「部門の業務目標を必ず達成する」という強い意志を持つと同時に、自ら部下の先頭に立って業務を遂行しなければならない。部下に対して「頑張れ、頑張れ」と号令をかけるだけで、自分は席に座ったままのんびり構えているのでは、部下は付いてこない。

　役職者について、統率力を評価する。

② **決断力**

　役職者は、所管部門の業務を遂行するに当たり、しばしば決断を迫られる。

　例えば、業務の量が増加して人手が不足するときは、「パートタイマーを一時的に採用する」「派遣社員を活用する」「部下に時間外労働を命令する」「他の部門に応援派遣を求める」などの選択肢の中からいずれかを選択し、それを実行することが求められる。

　決断は、周囲の状況を総合的に判断して、タイミングよく行わなければならない。タイミングの時期が早すぎたり、遅すぎたりすると、業務に支障が生じる。

　役職者について、決断力を問う。

③ **実行力・行動力**

　役職者は、所管する部門の業務目標を確実に達成するという責任を負っているが、責任の遂行は決して容易ではない。

　「必ず目標を達成する」という強い意志を持ち、部下の先頭に立って行動しなければ、目標は達成できない。役職者が行動しなければ、部下も行動しないであろう。

　支障や困難に直面したときは、「どのような措置を講ずれば、支障を排除できるか」「困難を克服するには、どう対応すべきか」を冷静に考え、これまでの経験や知識を最大限に活用して、その支障や困難を乗り越えていくこ

第2章　人事考課の項目

とが求められる。すぐに目標の達成を諦めるとしたら、それは役職者として
失格といえる。
　業種のいかんを問わず、また、会社の規模の大小を問わず、実行力・行動
力は、役職者に求められる重要な条件である。

図表2－16　統率・管理力、決断力、実行力・行動力の定義

項目	定義
統率・管理力	部門の業務目標を具体的に決定したうえで、その目標達成に向けて部下を一つにまとめ上げる能力。部下の業務の進捗状況を的確に管理監督する能力
決断力	周囲の状況や所管部門の事情を総合的に判断して、最も適切・効果的と思われる措置を選択する能力
実行力・行動力	多少の支障や困難があっても、所管部門の業務目標の達成に向けて力強く前へ進んでいく能力

④　問題解決力
　所管部門の業務を遂行していくと、さまざまな問題に直面する。
　例えば、営業課長の場合は、
　・有力な取引先が経営不振に陥った
　・有力な取引先がライバル会社と契約を結ぼうとしている
　・消費者の個人情報が流出する
　・経験豊富な部下の営業社員が辞意を漏らした
　・欠陥商品を出荷してしまった
などの問題が起こる。
　何か問題が生じたときは、その問題が生じた原因、その問題が会社に与え
る影響の大きさ、法令の定め、過去の対応事例などを総合的に勘案し、かつ、
社内の関係部門とよく連絡・調整したうえで、適切な措置を講じる必要がある。
　トラブルや異常事態は、一般に、ある日突然生じたり、あるいは、思いも
よらないときに表面化したりするものだ。
　所管する部門において問題・トラブル・異常事態が生じたときに、迅速に
適切な解決策を講じることができるかどうかは、役職者としての重要な条件

49

第2章　人事考課の項目

といえる。

⑤　関係形成力

　どの部門であっても、その部門の業務を円滑に遂行するためには、関係部門（社内の他の部署、関係会社、協力会社、その他）との連携が必要である。

　例えば、営業部門の業務を円滑に進めるためには、生産部門、配送部門、在庫管理部門、広告部門、経理部門、総務部門などとの密接な連携が求められる。営業部門だけの力で営業活動を完結できるわけではない。

　関係部門との間で良好な関係を形成するためには、日ごろのフランクなコミュニケーションが必要不可欠である。日ごろのコミュニケーションがうまく取れていないと、何か問題が生じたときに、他部門の理解と協力が得られず、問題の解決に時間がかかる。

　役職者について、関係部門との間で良好な関係を形成しているかを評価する。

⑥　指導育成力

　会社は、「成長し続けなければならない」という宿命を負った組織である。厳しい経営環境の中で常に成長するためには、若い人材が育つことが必要である。

　役職者は、部門のリーダーとして若い人材を育てるという責任を負っている。新人が配属されてきたときは、仕事の進め方、仕事を進めるうえでの心得を分かりやすく教える。仕事に習熟した部下に対しては、他の新しい仕事を与えて経験を豊かにさせる。役職就任の年齢に達した部下に対しては、役職者の業務を代行させて、将来に備えさせる。

　人材の育成は、計画的に取り組まなければ、その成果を上げることは難しい。

　役職者について、人材の指導育成力を問う。

第2章　人事考課の項目

図表2－17　問題解決力・関係形成力・指導育成力の定義

項目	定義
問題解決力	所管する部門において問題・トラブル・異常事態が生じたときに、その内容に応じて迅速に適切な解決策を講じる能力
関係形成力	社内の他の部門や社外の関係機関との間において、日ごろのコミュニケーションなどにより、良好な信頼関係を形成する能力
指導育成力	OJT、担当する仕事の量の増加、仕事の変更などにより、若い社員の職務遂行能力の伸長、視野の拡大を図る能力

（8）職務遂行能力考課の考課ポイント（役職者）

　ここで、役職者の職務遂行能力考課の各考課項目について、その考課ポイント（着眼点）を取りまとめると、図表2－18のとおりである。

51

第2章　人事考課の項目

図表2−18　職務遂行能力の考課項目の考課ポイント（役職者）

項目	考課のポイント
統率・管理力	・部門の業務目標を部下全員に周知していたか ・部下一人ひとりについて、その能力と意欲に応じて適切な役割（職務内容）を定め、本人に伝えていたか ・部下が自分の役割を果たしているかを定期的にチェックしていたか。職務の進捗状況を的確に把握していたか
決断力	・その場の状況を総合的に判断して適切な決断ができるか ・意思決定が速すぎたり、遅すぎたりすることはないか
実行力・行動力	・部下を指導して、業務目標の達成のために必要なことを力強く実行できるか ・多少の困難や支障があっても、それに屈することなく業務を遂行していけるか
問題解決力	・所管部門において何か問題やトラブルが生じたときに、適切な解決策を選択し、実行できるか ・問題やトラブルの解決に粘り強く取り組めるか
関係形成力	・社内の他の部門や社外の関係先（取引先・関係官庁等）との間で良好な関係を形成しているか ・社内の他の部門とよく協力協調して業務を進めているか
指導育成力	・部下一人ひとりの能力、性格、意欲を把握し、本人にふさわしい仕事を与えているか ・日ごろから部下の能力開発、育成に取り組んでいるか

第2章　人事考課の項目

（9）勤務成績に関する項目（一般社員）

①　仕事の量（目標達成度）

①－ア　個人ごとの目標が決められている場合

　職種によっては、勤続年数や社内での地位・等級・序列などを基準として、個人ごとに、一定期間に達成すべき仕事の量（達成目標）が決められている場合がある。

　例えば、

・1ヶ月○台以上、年間○台以上、販売すること

・1週○個以上、1ヶ月○個以上、製造すること

・1週○台以上、1ヶ月○台以上、製造品を検査すること

などのように、具体的・数値的に業務の量が示されていることがある。

　このように、標準的な処理の数値、あるいは目標値が示されている場合には、

・標準値、あるいは目標値を達成することができたか

・標準値、あるいは目標値に対する達成率は、どうであったか

を、評価する。

　個人ごとの業績を積み上げたものが、会社全体の業績となる。会社は、一定の業績を上げることができなければ存続していけない。したがって、社員に対して目標の達成を求めるのは当然のことである。

①－イ　長時間労働の抑制

　一般的に、仕事の量は労働時間に比例する。8時間働くよりも9時間働いた方が、より多くの仕事ができる。9時間働くよりも10時間働いた方が、より多くの仕事ができる。

　社員も、「より多くの仕事をして、会社から高い評価を受けよう」と考えて、長時間働く。

　「仕事の量」を考課の項目とすると、結果的に時間外労働（残業）が増え、労働時間が長くなりがちである。しかし、長時間労働は社員に重い心身負担を与えるので好ましくない。

　会社は、「社員の労働時間が長くなっていないか」を絶えずチェックすることが望ましい。そして、必要に応じて、

・時間外労働の上限規制

・一定時刻以降の時間外労働の禁止

・ノー残業デーの設定

53

第2章　人事考課の項目

などの措置を講じるべきである。

①－ウ　仕事の量を考課項目としない場合

なお、「仕事の量」は、重要な考課項目の１つであるが、それに強くこだわるのは問題である。次のような場合には、「仕事の量」を考課項目とすることは避け、それ以外のものを考課項目として選択するのが適切である。

図表２－19　個人の仕事の量を考課項目とすべきでない場合

個人の仕事の量を 考課項目とすべきでない場合	左のような場合に、 考課項目とすべきもの
・「仕事は組織またはグループでするもの」という方針に基づいて、個人の仕事の量的な目標を明確にしていない場合 ・仕事の性格上、個人の処理量を把握することが困難な場合（例えば、店頭販売、一般事務） ・１人の社員が、性格の異なる複数の業務（例えば、営業と総務）を同時に担当する場合 ・時期や季節によって、担当する業務が異なる場合	・仕事の正確さ ・仕事の迅速さ ・組織またはグループとしての仕事の量

②　目標達成のための努力度

目標値が示されている場合、その達成は、容易ではない。自分なりに創意工夫を図ったり、粘り強く取り組んだり、あるいは仕事の進め方を変えたりしなければ、目標値をクリアすることは難しい。

会社としては、「結果」のみならず、「目標を達成するために払われた努力」についても、きちんと評価するのが望ましい。

「結果だけを評価すれば、それでよい」という結果至上主義は、「社員の努力を奨励する」という観点から考えると、問題である。

③　仕事の迅速さ

労働基準法は、1日の労働時間を8時間とし、それを超える場合には割増賃金の支払いを定めている。

また、一定の時間内に仕事を処理・完成させないと、コストが増加するとともに、消費者や取引先に対して迷惑を掛けることになる。

このため、仕事の処理について、一定の標準時間、目標時間を設定している会社もある。例えば、

・一人のお客さまについて、○分以内で応対すること
・1台の機械を○時間以内で組み立てること
・1つの製品を○分以内で検査すること

という具合である。

このように標準的な処理時間を設定しているときは、

・仕事を標準時間以内で処理しているか。標準時間を守っているか
・仕事の速さは向上しているか
・仕事のスピードは、どうか

などの観点から、勤務成績を評価する。

④　仕事の質・正確さ

仕事の内容は、質的に問題のないこと、正確であることが求められる。質が劣っていたり、欠陥があったり、あるいは正確さを欠くものは、問題である。

例えば、生産業務の場合、いくら「多くの製品を完成させた」といっても、構造に欠陥があったり、すぐに故障を起こしたり、あるいは壊れやすいものは、商品としては販売できない。したがって、評価に値しない。

営業業務の場合も、いくら「消費者に多くの商品を販売した」といっても、販売の仕方が不適切であったためにクレームが多く寄せられるようでは、営業実績として評価に値しない。

仕事について、

・仕事の内容は、質的に申し分のないものであったか
・仕事の内容は、会社の基準を満たすものであったか
・仕事は、正確であったか。ミスやトラブルはなかったか
・取引先やお客さまからのクレームの頻度は、どうであったか（営業・販売業務の場合）

などの観点から、その質の高さを評価する。

第2章　人事考課の項目

(10) 勤務成績考課の考課ポイント（一般社員）

　ここで、一般社員の勤務成績考課の考課ポイントを示すと、図表2－20のとおりである。

図表2－20　勤務成績の考課項目の考課ポイント（一般社員）

項目	考課のポイント
仕事の量（目標達成度）	・標準値、あるいは目標値を達成することができたか ・標準値、あるいは目標値に対する達成率は、どうであったか
目標達成のための努力度	・目標達成のために、どのような方策を講じたか ・目標達成のために、自分なりに努力し、創意工夫を図ったか ・目標の完全達成に向けて、粘り強く取り組んだか
仕事の迅速さ	・仕事を標準時間以内で処理しているか。標準時間を守っているか ・仕事の速さは向上しているか ・仕事の処理時間にムラはないか
仕事の質・正確さ	・仕事の内容は、質的に申し分のないものであったか ・仕事の内容は、会社の基準を満たすものであったか ・仕事は、正確であったか。ミスやトラブルはなかったか ・不良品の発生率は、平均値に比べてどうであったか

(11) 勤務成績に関する項目（役職者）
① 部門の業務目標（予算）の達成度

　会社は、経営を合理的に行うために、売上、経費、利益などについて、毎年度経営計画を立てる。そして、その経営計画を達成するために、部門ごとに業務目標（予算）を設定する。各部門の役職者は、その部門目標を達成すべき責任を負っている。経営を取り巻く環境に十分配慮しつつ、部下を指揮命令して部門の業務目標（予算）を達成することは、役職者に課せられた最大・最優先の使命である。

役職者について、
・部門の業務目標の達成に向けて、計画的に取り組んだか
・部門の業務目標の達成に向けて、部門の経営資源（人員、設備、製品、資金、その他）を有効に活用したか
・部門の業務目標を確実に達成できたか（目標値を超えることができたか、未達成に終わったか）
を評価する。

② 部門経費の支出実績

部門の業務の運営には、一定の経費の支出が必要不可欠である。

例えば、営業部門の場合には、人件費、広告宣伝費、交通費、通信連絡費、接待費、製品仕入費などが必要である。

生産部門の場合には、人件費、原材料費、燃料費、機械設備維持費、機械設備修繕費などが必要である。

経費は、有効に支出されなければならない。支出が必要以上に増大すると、それだけ利益が減少する。

役職者について、部門経費を有効に支出したかを評価する。

③ 部門の業務の質・正確さ

業務の質は、申し分のないもの、正確なものでなければならない。「部門の業務目標を達成するため」「納期に間に合わせるため」「経費を少しでも節減するため」などの理由で、業務の質を低下させるようなことは許されない。

業務の処理基準について法令で定められているもの（例えば、決算業務、納税業務）は、法令を遵守して業務が行われなければならない。

業務の質が適切でないことが発覚し、そのことがマスコミで大きく報道されると、会社の社会的な信用は著しく失墜し、業績不振に陥る。

部門業務の最高責任者である役職者について、その部門の業務の質を評価するのは当然のことであろう。

④ 部門の業務の改善

会社が成長発展するためには、常に業務の改善（業務の効率化、生産性の向上、新技術の開発、取扱商品の見直し、組織体制の変革、その他）に取り組むことが必要である。十年一日のように、同じやり方で経営を続けていた

第2章　人事考課の項目

のでは、知らず知らずの間に競争力が低下し、市場からの撤退を余儀なくされる。

　役職者は、部門運営の最高責任者として、常に「どのようにすれば、業務の生産性を高めることができるか」「部門の業務運営の方法は、現状でいいのか」を真剣に考え、実行できるものは果敢に実行することが求められている。

　すべての役職者が、それぞれ所管部門の業務運営の改善を考え、実行することにより、会社全体としての業務の改善が図られ、競争力が強化される。

　役職者について、

・所管部門の業務の運営がマンネリになっていないか
・所管部門の経営資源（人員その他）の使い方が硬直化していないか
・所管部門の業務の改善、業務の効率化に取り組んだか
・業務の改善、業務の効率化について、実績を上げたか

を評価する。

⑤　部下の指導育成

　会社は、若い人材が伸びることによって成長し、発展し、競争力が強化される。このため、部門の責任者である役職者に対して、部下の指導育成を義務付けている。役職者は、日常の業務運営、指揮命令を通じて、部下の職務遂行能力を向上させ、人材を育成する責任を与えられている。

　役職者による部下の指導育成の方法としては、一般的に、OJT、職務の変更・拡大、職務権限の付与・拡大などがある。

　役職者に対して、「部下の指導育成、能力の開発・拡大に計画的に取り組んでもらいたい」と指示したうえで、部下の指導育成の実績を評価する。

(12)　勤務成績考課の考課ポイント（役職者）

　ここで役職者の勤務成績に関する考課項目の考課ポイント（着眼点）を示すと、図表2-21のとおりである。

第2章　人事考課の項目

図表2−21　勤務成績の考課項目の考課ポイント（役職者）

項目	考課のポイント
部門の業務目標の達成度	・部門の業務目標の達成に向けて、合理的な計画を立てて、計画的に取り組んだか ・部門の業務目標の達成に向けて、部門の経営資源（人員、設備、製品、資金、その他）を有効に活用したか ・部門の業務目標を確実に達成できたか
部門経費の支出実績	・部門の経費を計画的、かつ有効に支出したか ・経費の支出に無駄はなかったか ・経費は、適正な手続きを経て支出されたか
部門の業務の質・正確さ	・部門の業務の内容は、社会的基準および過去の実績などから判断して、申し分のないものであったか ・部門の業務の内容は、取引先および消費者から、一定の評価（満足度）を得るものであったか ・部門の業務内容について、取引先または消費者からクレームを受けることはなかったか ・部門の業務は、取引先との契約に従って適正に行われたか ・部門の業務は、正確に行われたか
部門の業務の改善	・部門の業務の運営がマンネリになっていないか ・部門の経営資源（人員その他）の使い方が硬直化していないか。使い方に改善が図られているか ・部門の業務の改善、業務の効率化に取り組んだか ・業務の改善、業務の効率化について、実績を上げたか

59

第2章　人事考課の項目

部下の指導育成	・部下の能力・意欲に応じて、担当する職務を決めているか ・部下の指導育成、能力の向上に計画的に取り組んだか ・仕事のできる部下、やる気のある人材が育っているか ・部下の能力向上により、職場の業務の生産性が向上しているか

3　考課項目の数

　人事考課は、給与管理・人事管理に反映させることを目的として実施するものである。「社員が労働力として、どれほどの価値があるか」を判定・評価することに、人事考課制度の狙いがある。

　労働力としての価値を判定・評価するという観点から考えると、考課項目を多くして、多面的・多角的に評価するのが適切である。考課項目の数が少ないと、労働力の価値の判定・評価が偏る可能性がある。

　しかし、考課項目の数を増やすと、それだけ考課者（役職者）の負担が重くなる。

　役職者は、「所管部門の業務の管理監督」という本来の業務を持っている。所管部門の業務を確実に遂行し、経営に支障を与えないようにすることが求められている。したがって、人事考課の項目を多くすると、本来の管理監督の業務に支障が生じるおそれがある。

　また、役職者は、人事考課の専門家ではない。したがって、考課の項目数が増加すると、考課の正確さが低下する危険性がある。実際、部下一人ひとりについて、20、30もの項目を判定・評価するというのは、至難の業である。

　以上のことを総合的に勘案すると、考課項目の数は、次のとおりとするのが合理的・現実的であろう。

第2章　人事考課の項目

図表2－22　人事考課の項目数

1　一般社員

（昇給・昇進・昇格等の考課）

勤務態度考課	能力考課	成績考課	合計
4項目程度	4～6項目程度	2項目程度	10～12項目程度

（賞与の考課）

勤務態度考課	能力考課	成績考課	合計
4項目程度	────	2項目程度	6項目程度

2　役職者

（昇給・昇進・昇格等の考課）

勤務態度考課	能力考課	成績考課	合計
3～4項目程度	4～5項目程度	2～3項目程度	9～12項目程度

（賞与の考課）

勤務態度考課	能力考課	成績考課	合計
3～4項目程度	────	2項目程度	5～6項目程度

4　考課分野のウエイト付け

（1）3分野の取り扱い

　昇給・昇進・昇格等のための人事考課は、勤務態度、職務遂行能力および勤務成績の3つの分野について行うのが合理的であり、一般的である。

　この場合、3つの分野の取り扱いについては、実務的に、

　・3つの分野を均等に取り扱う

　・各分野の重要性を考慮して、ウエイトを決める

の2つがある（図表2－23）。

　人事考課は、昇給、昇進・昇格、賞与等に活用する目的で行うものである。

61

第2章　人事考課の項目

ただ単に「日常の勤務態度はどうか」「仕事のできる能力のレベルはどうか」「勤務成績はどうであったか」を評価・査定するために実施するものではない。

活用目的に応じて、分野ごとにウエイトを決めるのが合理的である。

ウエイト付けにより、

　・人事考課の活用目的の達成度が向上する
　・会社の給与管理・人事管理の方針を人事考課に反映できる
　・人事考課制度の合理性が高まる
　・社員の活性化を図れる

などの効果が期待できる。

図表2−23　3分野の取り扱い

均等方式	ウエイト付け方式
勤務態度＝33.3％、職務遂行能力＝33.3％、勤務成績＝33.3％	（例）勤務態度＝40％、職務遂行能力＝30％、勤務成績＝30％

（2）昇給等の考課のウエイト

給与は、「労働の対価」という性格を持っている。労働力の価値を決めるのは、「仕事をする力」である。仕事を正確・迅速に遂行する能力が労働力の価値を決める。このため、昇給については、職務遂行能力に最も高いウエイトを置くのが合理的であろう。

役職制度は、社内における地位・序列と権限の大きさを示すものである。このため、能力の高い者を登用するのが正当である。能力面で問題のある者を登用すると、部門の業務の遂行において、さまざまな支障が生じる。したがって、昇進のための人事考課においては、職務遂行能力を最も重視するのが妥当である。

資格等級制度は、本来的に、職務遂行能力のレベルに応じて、社員の処遇を決める制度である。このため、昇格の人事考課においては、職務遂行能力を最も重視するのが合理的である。

勤務態度（規律性・協調性・積極性・責任性・その他）も、労働力の価値の評価において重要な要素である。勤務態度が良好でない者は、いくら仕事がよくできても職場の上司・同僚の信頼と協力を得ることはできない。したがって、勤務態度は、職務遂行能力に次いで重いウエイトを置く。

第2章　人事考課の項目

　役職者の場合は、社内における地位と役割とから判断して、勤務態度が良いのは、当然のことである。このため、勤務態度よりも、職務遂行能力と勤務成績（部門の業務目標の達成度）を高く評価するのが合理的といえよう。
　ウエイト付けの標準例を示すと、図表2－24のとおりである。

図表2－24　昇給等の考課のウエイト

	勤務態度	職務遂行能力	勤務成績	計
一般社員	30点（30％）程度	50点（50％）程度	20点（20％）程度	100点（100％）
役職者	20点（20％）程度	40点（40％）程度	40点（40％）程度	100点（100％）

（3）賞与考課のウエイト

　賞与は、「成果配分」「業績の還元」という性格を持っている。このため、勤務態度と勤務成績について、評価を行う。
　職務遂行能力が優れていても、業績への貢献度が良くなくては、会社にとって価値は乏しい。したがって、職務遂行能力は、考課の対象とはしない。
　一般社員と役職者とを比較した場合、役職者の方が個人ごとの成績を把握しやすい。
　一般社員は、役職者から指示された業務を遂行するという立場にある。仕事を進めていくうえでの権限も限られている。さらに、仕事が忙しいときは、互いに協力して仕事を処理することが求められている。自分の仕事さえしていればそれでよい、というわけではない。
　一般社員の場合、成績考課のウエイトをあまり高くすると、「個人の実績を上げたい」「自分の成績を上げなければ……」「自分の仕事さえすればよい」という風潮が職場にみなぎるようになり、職場の和、協力関係の維持が難しくなる。したがって、成績考課のウエイトを70％も、80％も高くするのは問題である。
　これに対して、役職者は、
　・部門の最高責任者として、部門の業務目標を達成すべき責任を負っている
　・部門の業務を遂行するのに必要な権限を与えられている

63

第2章　人事考課の項目

　　・担当する業務の範囲が明確になっている
などの立場にある。したがって、成績考課のウエイトをある程度大きく設定
するのが現実的・合理的である。
　賞与のための考課のウエイトの標準例を示すと、図表2－25のとおりである。

図表2－25　賞与の考課のウエイト

	勤務態度	職務遂行能力	勤務成績	計
一般社員	50点（50%）程度	――――	50点（50%）程度	100点（100%）
役職者	20点（20%）程度	――――	80点（80%）程度	100点（100%）

（4）項目別のウエイト

　考課分野ごとのウエイトを決めた後は、考課項目ごとのウエイトを決める。
例えば、
　　・勤務態度の項目を規律性、協調性、積極性および責任性の4項目
　　・勤務態度のウエイトを全体の30点
と決定したときは、その30点を、規律性、協調性、積極性および責任性の4
項目にどのように配分するかを決める。
　項目ごとのウエイトは、その項目の重要性を判断して決める。責任性が最
も重要であると判断したときは、責任性の配点を他の項目よりも多くする。
また、協調性と積極性の2項目が特に重要であると判断したときは、それら
2項目の配点を他の項目よりも多くする。

第2章　人事考課の項目

図表2－26　考課項目ごとの配点例

	配点
責任性が最重要であると判断した場合	規律性＝5点 協調性＝5点 積極性＝5点 責任性＝15点 計　30点
協調性と積極性が重要であると判断した場合	規律性＝5点 協調性＝10点 積極性＝10点 責任性＝5点 計　30点

65

第**3**章

人事考課表のつくり方

1　被考課者の氏名・所属

　人事考課は、社員個人の勤務態度や勤務成績などを評価するものである。係・課・部・グループ等の組織単位の成績を評価するものではない。

　個人を対象として行われるため、考課の対象となる社員の氏名・所属が明記されるべきことは、当然のことであろう。

　人事考課の方法については、

　・社員一人につき１枚の考課表を用意する

　・１枚の考課表で、２人以上の考課を行う

の２つがある。

　人事考課は、「業務経験年数や地位・序列などから判断して、それにふさわしい職務遂行能力を有しているか」「業務経験年数や地位・序列にふさわしい仕事をしたか」を基準として行うことが望ましい。「他の社員に比較して、勤務態度や勤務成績はどうであったか」という基準で評価する方法（相対考課方式）もあるが、相対考課方式の場合は、業務経験年数の長い者が有利になり、年数の短い者が不利になるので、公平ではない。

　１枚の用紙で２人以上の部下を評価すると、どうしても「他の社員と比較してどうであったか」という観点から、評価が行われやすい。

　このため、人事考課表は、１人につき１枚とするのが望ましい。

2　考課対象期間

　考課の対象期間を記載する。

　考課期間は、昇給・昇進・昇格等のための考課の場合には、昇給・昇進・昇格等の実施日の直前の１年間とするのが適切である。

　また、賞与支給のための人事考課の場合は、支給日の前の賞与計算期間とするのが適切である。例えば、図表３−１のとおりである。

67

第3章　人事考課表のつくり方

図表３－１　考課の対象期間

昇給等のための人事考課	前年４月１日～当年３月31日
夏季賞与ための人事考課	前年10月１日～当年３月31日
年末賞与のための人事考課	４月１日～９月30日

3　考課分野と考課項目

（1）考課分野と考課項目

　人事考課は、
　　・勤務態度に関する事項
　　・職務遂行能力に関する事項
　　・勤務成績に関する事項
について行うこととし、それぞれの分野について、考課項目を定める。

　考課項目は、社員の仕事の内容、会社の期待像、考課のしやすさなどを基準として決定すべきである。なお、考課の項目が多くなると、考課者の負担が重くなるとともに、客観的な評価が困難となる。このため、項目数は、おおむね10項目前後とする。

　例えば、次のように決定する。

第3章　人事考課表のつくり方

図表3−2　考課項目

（1）昇給・昇進・昇格等のための人事考課

	勤務態度考課	職務遂行能力考課	勤務成績考課
一般社員	・規律性 ・協調性 ・積極性 ・責任性	・知識・技術・技能 ・コミュニケーション能力 ・行動力 ・気力・体力	・仕事の量 ・仕事の質
役職者	・積極性 ・責任性 ・経営認識 ・コスト意識	・統率・管理力 ・行動力 ・決断力 ・問題解決力 ・指導育成力	・部門業務の目標達成度 ・部門業務の質

（2）賞与のための人事考課

	勤務態度考課	勤務成績考課
一般社員	・協調性 ・積極性 ・責任性 ・時間意識	・仕事の量 ・仕事の質
役職者	・積極性 ・責任性 ・経営認識 ・コスト意識	・部門業務の目標達成度 ・部門業務の質

（2）考課項目の着眼点

　考課項目についての理解や解釈が考課者（役職者）によって異なると、公平・公正な考課は期待できない。

　例えば、「協調性」について、ある役職者は、「上司や同僚との人間関係に

69

第3章　人事考課表のつくり方

配慮して仕事を進めること」ととらえ、ある役職者は、「勤務時間内はもちろん、勤務時間後も同僚と仲良く過ごすこと」と理解していたら、公平な考課は難しい。勤務時間外の行動は、考課の対象とすべきではない。勤務時間外に同僚と一緒に過ごすかどうかは、各人の自由としなければならない。

また、「積極性」について、「休憩時間中も職場を離れることなく、仕事をすること」「年次有給休暇を取得することなく、出勤して働くこと」と考える役職者がいたら、その役職者については、公正な考課は期待できない。休憩時間を自由に過ごすこと、年次有給休暇を取得することは、労働基準法によって社員に与えられた権利であり、考課の対象とすべきではない。

考課が公正、かつ統一的に行われるよう、項目ごとに、その定義を示すか、あるいは、考課の着眼点（ポイント）を記載するのがよい。

図表３－３　考課の着眼点（一般社員）（例）

項目	考課の着眼点
規律性	・就業規則などの規則・規程をよく守ったか ・遅刻、無断欠勤はなかったか ・仕事において、上司の指示命令をよく守ったか
協調性	・上司・同僚との人間関係に気を配って仕事をしたか ・職場の和を重視して仕事をしたか
積極性	・仕事に前向きの姿勢で取り組んだか ・仕事の内容に不平・不満を漏らすことはなかったか ・仕事の効率化、進め方の改善、能力の向上に自分なりに努めたか
責任性	・仕事を最後まできちんとやり終えたか ・指示命令した期限までに仕事を完成させたか
知識・技術・技能	・業務の遂行に必要な実務的知識、または技術・技能を習得しているか ・関連する業務についても、一定の知識、または技術・技能を習得しているか

第3章　人事考課表のつくり方

コミュニケーション能力	・上司の指示命令、伝達事項を正しく理解できるか ・指示命令したことを、指示命令したとおりに正確に実行しているか ・仕事の進み具合や結果を口頭または文書等で、正確・簡潔に表現できるか ・自分の考えや意見をはっきりと伝えることができるか
行動力	・指示命令されたことをすぐに実行しているか ・強い意志を持って、仕事を進めていけるか ・仕事に対する粘り強さがあるか
気力・体力	・多少の困難や支障に直面しても、それを克服して仕事を前へ進めていける気力（意欲）と体力を備えているか ・仕事に対して弱音を吐いたり、不満を漏らしたりすることはないか ・仕事が忙しい日が多少続いても、休まずに続けられるか
仕事の量	・経験年数や地位・序列等にふさわしい量の仕事をしたか ・仕事の速さは、経験年数や地位・序列等にふさわしいものであったか
仕事の質	・仕事の出来栄えは、どうであったか。経験年数や地位・序列等にふさわしいものであったか ・仕事を所定の方法で正確に遂行したか ・ミス、トラブル、エラー等の発生率はどうであったか

4　考課の方法・区分

考課の方法には、
　　・「優れていた」「普通」「劣っていた」などの評語で行う

第3章　人事考課表のつくり方

　　　・点数で評価する
　　　・評語と点数の双方で評価する
の３つがある。
　評語方式の場合には、３段階法、５段階法、７段階法などがある。
　５段階法の場合、その評語は、例えば、次のとおりとする。
　　　・きわめて優れていた
　　　・優れていた
　　　・普通
　　　・やや劣っていた
　　　・劣っていた

5　考課分野・考課項目のウエイト付け

（1）考課分野のウエイト付け

　給与管理・人事管理に役立てるという人事考課制度の目的を考えると、考課分野（勤務態度、職務遂行能力、勤務成績）については、均等に取り扱うよりも、一定のウエイトを設けるのが妥当であろう。
　例えば、次のようなウエイトを設ける。

図表３−４　考課分野ごとのウエイト（一般社員）

	態度考課	能力考課	成績考課	計
昇給・昇進・昇格等のための人事考課	30点	50点	20点	100点
賞与のための人事考課	50点	———	50点	100点

（2）考課項目ごとの配点

　考課分野ごとのウエイトを決定したときは、それぞれのウエイトの範囲内で、項目ごとのウエイトを決める。
　一般社員の昇給・昇進・昇格のための人事考課について、項目ごとの配点

第3章　人事考課表のつくり方

例を示すと、図表3－5のとおりである。

図表3－5　　考課項目ごとの配点例（一般社員・昇給等の人事考課）

態度考課➡30点	能力考課➡50点	成績考課➡20点
・規律性➡5点 ・協調性➡5点 ・積極性➡10点 ・責任性➡10点	・知識・技術・技能 　➡20点 ・コミュニケーション 　能力➡10点 ・行動力➡10点 ・気力・体力➡10点	・仕事の量➡10点 ・仕事の質➡10点

（3）考課の理由の記入

　考課は、はっきりとした理由あるいは根拠をもとにして行われることが必要である。理由や根拠なしに、日ごろの行動や勤務態度をもとに判定することは良くない。

　例えば、「規律性」について、「やや劣っていた」あるいは「劣っていた」と判定する場合には、

・遅刻の回数が多かった
・無断で欠勤することが何日もあった
・役職者の指示に従わないことが、しばしばあり、業務の遂行に支障をきたした
・就業規則で「職場に個人の携帯電話を持ち込んではならない」と明記されているにもかかわらず、携帯を持ち込み、しかも勤務時間中に私用電話を掛けることが、しばしばあった

などの理由がなければならない。

　考課者による考課の正当性を高めるために、項目ごとに考課の理由を記入させることが考えられる。しかし、理由の記入は、考課者に重い負担を与える。このため、避けるべきであろう。

第3章　人事考課表のつくり方

図表3－6　考課理由の記載欄を設ける考課表（例）

項目	考課の着眼点	考課	考課の理由・根拠
規律性	・就業規則などの規則・規程をよく守ったか ・遅刻、無断欠勤はなかったか ・仕事において、上司の指示命令をよく守ったか	S・A・B・C・D	
協調性	・上司・同僚との人間関係に気を配って仕事をしたか ・職場の和を重視して仕事をしたか	S・A・B・C・D	

6　二次考課の方法

（1）二次考課の目的

　人事考課は、「人が人を評価する」というものである。人の評価ほど、難しいものはない。

　難しさの一つは、考課者（役職者）の個人的な感情や好き嫌いや偏見が入りやすいことである。

　そのような問題を解決するためには、２人以上の者が考課に当たるのがよい。このため、多くの会社が二次考課制度を実施している。これは、被考課者について、その直属の役職者が一次考課を行い、さらにその役職者の上位の役職者が考課を行うというものである。

　二次考課制度は、考課の公平性・納得性を確保するための合理的・現実的な方策といえる。

第3章　人事考課表のつくり方

（2）二次考課の方法

二次考課の方法には、実務的に次のようなものがある。

① 同一の考課表の使用

これは、考課表に、

・一次考課者による考課
・二次考課者による考課

様式1　同一の考課表の使用

被考課者所属・氏名		○○課　○○○○	
項目	評価の着眼点	一次考課	二次考課
規律性	・就業規則などの規則・規程をよく守ったか ・遅刻、無断欠勤はなかったか ・仕事において、上司の指示命令をよく守ったか	S・A・B・C・D	S・A・B・C・D
協調性	・上司・同僚との人間関係に気を配って仕事をしたか ・職場の和を重視して仕事をしたか	S・A・B・C・D	S・A・B・C・D

（以下、省略）

一次考課者	○○○○	二次考課者	○○○○

75

という２つの欄を設けるというものである。

　一次考課者が考課を終えたのち、その考課表を用いて、二次考課者が考課を行い、それを人事部に提出する。

②　別々の人事考課表による考課

　これは、被考課者について考課表を２枚作成し、一次考課者と二次考課者とがそれぞれ別々に考課を行うというものである。

　一次考課の結果を見て二次考課を行うと、二次考課者は、一次考課の結果に影響を受ける可能性がある。一次考課の影響を避けるために、このような方法が採用されるのである。

③　対象分野に限定した考課

　二次考課者は、普通の場合、一次考課者の上位の役職者である。例えば、課長が一次考課を行い、部長が二次考課を行う。

　一般に、部長は、課長に比較して、被考課者とは遠い位置にあり、被考課者の日常の行動や発言を見たり聞いたりする機会は少ない。このため、部長が被考課者の勤務態度等を細かく評価するのは、多少、無理がある。

　そこで、部長は、勤務態度、職務遂行能力、勤務成績という、大項目だけを評価し、規律性、協調性、積極性、責任性、理解力、表現力……という小項目については、課長のみが評価を行う。

　この方式は、組織の実態に即したものといえる。

第3章　人事考課表のつくり方

様式2　対象分野に限定した二次考課表

被考課者所属・氏名	○○課　○○○○

分野	着眼点	考課
勤務態度	・規律性はどうであったか ・協調性はどうであったか ・積極性はどうであったか ・責任性はどうであったか	S・A・B・C・D
職務遂行能力	・知識・技術・技能はどうであったか ・コミュニケーション能力はどうであったか ・行動力はどうであったか ・仕事への気力・体力はどうであったか	S・A・B・C・D
勤務成績	・仕事の量はどうであったか ・仕事の質はどうであったか	S・A・B・C・D

二次考課者氏名	○○○○	考課年月日	○○年○○月○○日

④　一次考課の妥当性の評価

　これは、二次考課者が一次考課の妥当性を評価する欄を考課表の最後に掲載するというものである。

　二次考課者が「一次考課は適切である」あるいは「一次考課はおおむね適切である」と判断したときは、考課表をそのまま人事部に回付する。

　しかし、二次考課者が「一次考課は、適切でない」と評価したときは、二次考課者の考課を記入する。そのうえで、考課表を人事部に回付する。

77

第3章　人事考課表のつくり方

様式3　二次考課者による一次考課の評価

二次考課者氏名	○○○○
二次考課者所見	□一次考課は適切である □一次考課はおおむね適切である □次のように評価するのが妥当である 　（勤務態度○○点、能力○○点、勤務成績○○点 合計○○点）

7　人事考課表の設定区分

（1）設定区分の種類

　人事考課制度の運用において、人事考課表はきわめて重要である。人事考課表がどのように作成されているかによって、人事考課制度の成否が左右されるといえる。

　人事考課表の設定には、主として、次のような種類がある。

・全社一律に設定する

・一般社員と役職者とに区分して設定する

・資格等級別に設定する（職務遂行能力のレベルに応じて、社員1級・社員2級・社員3級……という資格等級を設けている会社の場合）

・一般職と総合職とに区分して設定する（コース別人管理制度を実施ている会社の場合）

・担当職、指導職、管理職という階層別に設定する

・職種別に設定する

・部門（部署）別に設定する

78

第3章　人事考課表のつくり方

図表3−7　人事考課表の設定

種類	例
全社一律	社員（役職者も含む）人事考課表
役職の有無別に設定	・一般社員人事考課表 ・役職者人事考課表
資格等級別に設定	・社員1〜3級人事考課表 ・社員4〜6級人事考課表 ・社員7〜9級人事考課表
コース別に設定	・一般職人事考課表 ・総合職人事考課表
階層別に設定	・一般社員人事考課表 ・主任・係長人事考課表 ・課長・部長人事考課表
職種別に設定	・営業職人事考課表 ・研究職人事考課表 ・現業職人事考課表 ・事務職人事考課表
部門別に設定	・○○事業部人事考課表 ・□□事業部人事考課表 ・△△事業部人事考課表

（2）選択の基準

　一般社員と役職者とでは、業務の内容、社内での役割、責任の度合いが大きく異なる。役職者は、部門の最高責任者として、部門の業務管理、部下の業務と勤怠の管理監督、部下の指導育成という重い責任を負っている。

　一般社員と役職者の双方に適用可能な人事考課表の作成は、実務的・技術的に相当に難しい。敢えて同一の考課表を作成すると、一般社員・役職者のどちらかの考課項目が狭く限定され、本来的に評価すべき項目が掲載されないという危険性がある。

　このため、一般的には、一般社員と役職者とに区分して、人事考課表を作

79

第3章　人事考課表のつくり方

成するのが現実的である。

　資格等級制度を実施している会社は、人事考課表を資格等級別に設定し、人事管理と人事考課との整合性を確保するのが合理的である。

　一方、いわゆるコース別制度を実施ている会社の場合は、人事考課表を一般職と総合職とに区分して作成し、人事管理と人事考課との整合性を確保するのが合理的である。

　さらに、人事管理と能力管理の中心軸を「職種」においている会社は、人事考課表についても、職種の独自性を織り込んで職種別に作成し、職種別の考課を行うのがよい。

　また、部門の独立性を重視する経営を行っている会社は、部門ごとに人事考課表を作成するのが妥当であろう。

8　人事考課表のモデル

　人事考課表のモデルを、一般社員と役職者とに区分して示すと、次のとおりである（昇給・昇進・昇格・配置転換および能力開発のための人事考課表は、単に「昇給用人事考課表」と略称する。以下、同じ）。

（1）一般社員の人事考課表
　　　昇給用➡様式4
　　　賞与用➡様式5
（2）役職者の人事考課表
　　　昇給用➡様式6
　　　賞与用➡様式7

第3章　人事考課表のつくり方

（様式４）一般社員の人事考課表（昇給用）

人事考課表（一般社員・昇給用）

被 考 課 者	○○部○○課　（氏名）○○○○
考課対象期間	○○年○○月○○日～○○年○○月○○日

～考課対象期間中の勤務態度、能力および勤務成績を次の５段階で公正
に評価して下さい～

（評価区分）
S＝きわめて優れていた
A＝優れていた
B＝普通
C＝やや劣っていた
D＝劣っていた

考課項目	着眼点	考課
1　勤務態度		
規律性	・就業規則などの規則・規程をよく守ったか ・仕事において、上司の指示命令をよく守ったか	S　A　B　C　D 5　4　3　2　1
協調性	・上司・同僚との人間関係に気を配って仕事をしたか ・職場の和を重視して仕事をしたか	S　A　B　C　D 5　4　3　2　1

81

第3章　人事考課表のつくり方

積極性	・与えられた仕事に前向きの姿勢で取り組んだか ・仕事の進め方の改善、能力の向上に努めたか ・仕事の内容に不平不満をいうことはなかったか	S　A　B　C　D ├─┼─┼─┼─┤ 10　8　6　4　2
責任性	・与えられた仕事を最後まできちんとやり終えたか ・仕事への責任感・使命感があったか	S　A　B　C　D ├─┼─┼─┼─┤ 10　8　6　4　2
		（小計）　　　点
2　能力		
知識・技術・技能	・担当する業務の遂行に必要な知識または技術・技能を習得しているか ・関連する業務について、一定の知識または技術・技能を習得しているか	S　A　B　C　D ├─┼─┼─┼─┤ 20　16　12　8　4
コミュニケーション能力	・上司の指示・命令、伝達事項を正しく理解できるか ・仕事の進み具合や結果を口頭または文書等で正確かつ簡潔に表現できるか ・自分の考えや意見をはっきりと伝えられるか	S　A　B　C　D ├─┼─┼─┼─┤ 10　8　6　4　2

82

第3章　人事考課表のつくり方

行動力	・指示命令されたことをすぐに実行しているか ・指示命令されたことを完遂しようとする強い意志があるか ・仕事に対する粘り強さがあるか	S　A　B　C　D ┣━┳━┳━┳━┫ 10　8　6　4　2
気力・体力	・多少の困難や支障に直面しても、それを克服して仕事を前へ進めていける気力（意欲）と体力を備えているか ・仕事に対して弱音を吐いたり、不満を漏らしたりすることはないか ・仕事が忙しくても、休まずに続けられるか	S　A　B　C　D ┣━┳━┳━┳━┫ 10　8　6　4　2
		（小計）　　　点
3　勤務成績		
仕事の量	・能力や経験年数にふさわしい量の仕事をしたか ・与えられた仕事を迅速に遂行したか	S　A　B　C　D ┣━┳━┳━┳━┫ 10　8　6　4　2
仕事の質	・与えられた仕事を所定の基準にしたがって正確に処理したか ・仕事において、ミスや不手際を起こすことはなかったか	S　A　B　C　D ┣━┳━┳━┳━┫ 10　8　6　4　2
		（小計）　　　点
	合計点（100点満点）	点

一次考課者氏名	

83

第3章　人事考課表のつくり方

一次考課者所見	

二次考課者氏名	
二次考課者所見	□一次考課は適切である □一次考課はおおむね適切である □次のように評価するのが妥当である 　（勤務態度○○点、能力○○点、勤務成績○○点、合計○○点）

以上

第3章　人事考課表のつくり方

（様式5）一般社員の人事考課表（賞与用）

人事考課表（一般社員・賞与用）
（○○年度夏季・年末賞与）

被 考 課 者	○○部○○課　（氏名）○○○○
考課対象期間	○○年○○月○○日～○○年○○月○○日

～考課対象期間中の勤務態度および勤務成績を次の5段階で公正に評価
して下さい～

（評価区分）
S＝きわめて優れていた
A＝優れていた
B＝普通
C＝やや劣っていた
D＝劣っていた

考課項目	着眼点	考課
1　勤務態度		
協調性	・上司・同僚との人間関係に気を配って仕事をしたか ・職場の和を重視して仕事をしたか	S　A　B　C　D 10　8　6　4　2
積極性	・与えられた仕事に前向きの姿勢で取り組んだか ・仕事の進め方の改善、能力の向上に努めたか ・仕事の内容に不平不満をいうことはなかったか	S　A　B　C　D 15　12　9　6　3

85

第3章　人事考課表のつくり方

責任性	・与えられた仕事を最後までき 　ちんとやり終えたか ・仕事への責任感・使命感が 　あったか	S　A　B　C　D ├─┼─┼─┼─┤ 15　12　9　6　3
時間意識・時間活用	・勤務時間の有効活用の重要性 　を意識していたか ・勤務時間を上手に使って仕事 　をしたか ・勤務時間中は、職務に集中し 　ていたか。雑談、私語、私用 　の電話などで、時間をムダに 　過ごしたことはなかったか	S　A　B　C　D ├─┼─┼─┼─┤ 10　8　6　4　2
		（小計）　　　点
2　勤務成績		
仕事の量	・能力や経験年数にふさわしい 　量の仕事をしたか ・与えられた仕事を迅速に遂行 　したか	S　A　B　C　D ├─┼─┼─┼─┤ 25　20　15　10　5
仕事の質	・与えられた仕事を正確に処理 　したか ・仕事において、ミスや不手際 　を起こすことはなかったか	S　A　B　C　D ├─┼─┼─┼─┤ 25　20　15　10　5
		（小計）　　　点
	合計点（100点満点）	点

一次考課者氏名	
一次考課者所見	

二次考課者氏名	

第3章　人事考課表のつくり方

二次考課者所見	□一次考課は適切である □一次考課はおおむね適切である □次のように評価するのが妥当である 　（勤務態度○○点、勤務成績○○点、合計○○点）

以上

第3章　人事考課表のつくり方

（様式6）役職者の人事考課表（昇給用）

人事考課表（役職者・昇給用）

被 考 課 者	○○部○○課　（氏名）○○○○
考課対象期間	○○年○○月○○日～○○年○○月○○日

～考課対象期間中の勤務態度、能力および勤務成績を次の5段階で公正に評価して下さい～

（評価区分）
S＝きわめて優れていた
A＝優れていた
B＝普通
C＝やや劣っていた
D＝劣っていた

考課項目	着眼点	考課
1　勤務態度		
積極性	・部門の業務目標達成のために部下の先頭に立って仕事をしたか。取り組んだか ・部門の仕事の改善、生産性の向上に取り組んだか	S A B C D 5 4 3 2 1
責任性	・役職者としての役割と責任を意識して行動したか ・仕事への責任感・使命感があったか	S A B C D 5 4 3 2 1

88

第3章　人事考課表のつくり方

経営認識	・会社の経営方針・経営理念を正しく理解して行動したか ・担当部門の利害得失にこだわることなく、広い立場、高い視点に立って、ものごとを判断したか	S A B C D 5 4 3 2 1
コスト意識	・常にコスト意識を持って仕事に取り組んだか ・日頃からコストの削減とムダの排除に努めたか	S A B C D 5 4 3 2 1
		（小計）　　　点
2　能力		
統率・管理力	・年度の業務目標を部下全員に周知していたか ・部下一人ひとりについて、その能力と意欲に応じて適切な役割（職務内容）を定め、本人に伝えていたか ・部下が自分の役割を果たしているかを定期的にチェックしていたか。職務の進捗状況を的確に把握していたか	S A B C D 10 8 6 4 2
行動力	・部下を指導して、業務目標の達成のために必要なことを力強く実行したか ・業務目標を達成しようとする強い意志があったか ・多少の困難や支障があっても、それに屈することなく業務を遂行したか	S A B C D 10 8 6 4 2

決断力	・その場の状況に応じて的確な決断ができるか ・決断が早すぎたり、遅すぎたりすることはないか	S A B C D 5 4 3 2 1
問題解決力	・担当部門において何か問題やトラブルが生じたときに、最も適切な解決策を選択し、実行したか ・問題やトラブルの解決に粘り強く取り組んだか	S A B C D 5 4 3 2 1
指導育成力	・部下一人ひとりについて、その能力と性格を正しく把握し、本人にふさわしい仕事を与えているか ・日ごろから部下の能力向上に計画的に取り組んでいるか ・仕事のできる部下が育っているか	S A B C D 10 8 6 4 2
		（小計）　　　点
3　勤務成績		
部門業務目標の達成度	・部下を適切に指揮命令して、担当部門の業務目標を達成することができたか ・担当部門の生産性の向上において、一定の成果があったか	S A B C D 20 16 12 8 4
部門業務の質	・担当部門の業務内容は、正確で質的に優れていたか ・担当部門において、仕事のミスや不手際はなかったか	S A B C D 20 16 12 8 4

第3章　人事考課表のつくり方

		（小計）　　点	
	合計点（100点満点）	点	

一次考課者氏名	
一次考課者所見	

二次考課者氏名	
二次考課者所見	□一次考課は適切である □一次考課はおおむね適切である □次のように評価するのが妥当である 　（勤務態度○○点、能力○○点、勤務成績○○点、合計○○点）

以上

91

第3章　人事考課表のつくり方

（様式７）役職者の人事考課表（賞与用）

人事考課表（役職者・賞与用）
（○○年度夏季・年末賞与）

被考課者	○○部○○課　（氏名）○○○○
考課対象期間	○○年○○月○○日～○○年○○月○○日

～考課対象期間中の勤務態度および勤務成績を次の５段階で公正に評価
して下さい～

（評価区分）
S＝きわめて優れていた
A＝優れていた
B＝普通
C＝やや劣っていた
D＝劣っていた

考課項目	着眼点	考課
1　勤務態度		
積極性	・部門の業務目標達成のために部下の先頭に立って仕事をしたか。取り組んだか ・部門の仕事の改善、生産性の向上に取り組んだか	S A B C D 5 4 3 2 1
責任性	・役職者としての役割と責任を意識して行動したか ・仕事への責任感・使命感があったか	S A B C D 5 4 3 2 1

92

第3章　人事考課表のつくり方

経営認識	・会社の経営方針・経営理念を正しく理解して行動したか ・担当部門の利害得失にこだわることなく、広い立場、高い視点に立って、ものごとを判断したか	S　A　B　C　D 5　4　3　2　1
コスト意識	・常にコスト意識を持って仕事に取り組んだか ・日頃からコストの削減とムダの排除に努めたか	S　A　B　C　D 5　4　3　2　1
2　勤務成績		
部門業務目標の達成度	・部下を適切に指揮命令して、担当部門の業務目標を達成することができたか ・担当部門の生産性の向上において、一定の成果があったか	S　A　B　C　D 60　48　36　24　12
部門業務の質	・担当部門の業務内容は、正確で質的に優れていたか ・担当部門において、仕事のミスや不手際はなかったか	S　A　B　C　D 20　16　12　8　4
	合計点（100点満点）	点

一次考課者氏名	
一次考課者所見	

二次考課者氏名	

93

第3章　人事考課表のつくり方

二次考課者所見	□一次考課は適切である □一次考課はおおむね適切である □次のように評価するのが妥当である 　（勤務態度○○点、勤務成績○○点、合計○○点）

以上

第**4**章

資格等級別・コース別の人事考課表

1 資格等級別の人事考課表

（1）資格等級制度の趣旨

　社員によって、職務遂行能力のレベルが異なる。高い能力を持っている社員もいれば、これから能力を向上させようとしている者もいる。

　職務遂行能力のレベルに応じて、社員1級、社員2級、社員3級……というようにいくつかの等級を設ける制度を一般に「資格等級制度」という。

　資格等級制度を整備し、社員をいずれかの等級に格付けする。そのうえで、格付けした資格等級に応じて、給与、賞与、役職などの処遇を決定する。これにより、「能力主義人事」が実現する。資格等級制度は、能力主義人事を構築するための条件である。

　資格等級ごとの格付基準を例示すると、図表4－1のとおりである。

　また、資格等級ごとの呼称と役職との関係を例示すると、図表4－2のとおりである。

図表4－1　資格等級基準

	資格等級基準
社員1級	上司または先輩社員の具体的・細部的な指示監督を受けて、定型的・反復的な業務を正確に処理する能力を有すること
社員2級	上司または先輩社員の具体的な指示監督を受けて、あるいは部分的に任されて、定型的・反復的な業務を正確に処理する能力を有すること。業務マニュアルに従って定型的・反復的な業務を正確に処理できること
社員3級	上司または先輩社員の包括的な指示を受けて、定型的・反復的な業務はもちろん、ある程度非定型的な業務についても、判断力を働かせてを正確に処理する能力を有すること

95

社員4級	業務について実務的な知識・技術または技能を有し、独力で定型的な業務はもちろん、非定型的な業務も、その内容に応じて正確かつ迅速に処理できる能力を有すること
社員5級	業務について実務的な知識・技術または技能を幅広く有し、独力で定型的な業務はもちろん、非定形的な業務も、その内容に応じて正確かつ迅速に処理できる能力を有するとともに、作業グループのとりまとめ、および後輩社員の指導も的確にできる能力を有すること
社員6級	課長の包括的指示に基づき、課の運営方針を正しく踏まえ、係またはこれに相当する小規模の組織の管理者として、部下を適切に統率・指導し、所管業務を効率的に運営・管理できる能力を有すること
社員7級	部長の包括的指示に基づき、部の運営方針を正しく踏まえ、課またはこれに相当する中規模の組織の管理者として、部下を適切に統率・指導し、所管業務を効率的に運営・管理できる能力を有すること
社員8級	部長の包括的指示に基づき、部の運営方針を正しく踏まえ、課またはこれに相当する中規模な組織の管理者として、部下を適切に統率・指導し、所管業務を効率的に運営・管理できると同時に、幅広い業務知識と豊富な業務経験をもとに、部長を適切に補佐できる能力を有すること。部長が不在のときは、部長の業務を臨時的に代行できる能力を有すること
社員9級	経営方針を正しく踏まえ、幅広い業務知識、豊富な業務経験および強力なリーダーシップを発揮して、部またはこれに相当する最大規模の組織の管理者として、部下を適切に統率・指導し、所管業務を効率的に運営・管理できる能力を有すること

第4章 資格等級別・コース別の人事考課表

図表4-2 資格等級の呼称および役職対応

	① 呼称	② 役職対応
社員1級		
社員2級		
社員3級		
社員4級	主任	
社員5級	主事補	
社員6級	主事	係長
社員7級	参事補	課長・係長
社員8級	参事	部次長・課長
社員9級	理事	部長・部次長

(2) 資格等級別の人事考課

① 資格等級別の人事考課の実施

資格等級は、職務遂行能力のレベルを示すものである。

資格等級が上位になればなるほど、遂行の困難度、重要度の高い業務を担当するようになる。また、会社から期待される勤務成績（仕事の量、仕事の質）も大きくなる。

したがって、人事考課は、資格等級別に行うのが合理的・現実的である。

本来のあり方からすれば、社員1級、社員2級、社員3級……という等級ごとに考課項目を決めて考課を実施するのが合理的である。しかし、そのような方式を採用すると、考課制度が煩雑となる。このため、社員1～3級、社員4～6級、社員7～9級というように、いくつかの区分ごとに考課項目を決めて考課を行うのが現実的といえよう。

② 資格等級別の考課項目とウエイト

社員1～3級（初級職）、社員4～6級（中級職）および社員7～9級（上級職）という3つの区分に区分けして人事考課を行う場合、それぞれについて考課項目を示すと、図表4-3のとおりである。

97

第4章　資格等級別・コース別の人事考課表

図表4－3　資格等級別の考課項目

1　昇給等の考課

	勤務態度	職務遂行能力	勤務成績
初級職 （社員1～3級）	・規律性 ・協調性 ・積極性 ・責任性 ・時間意識・時間活用	・知識・技術・技能 ・理解力 ・表現力 ・行動力 ・計画力	・仕事の量 ・仕事の質・正確さ
中級職 （社員4～6級）	・協調性 ・積極性 ・責任性 ・コスト意識 ・論理性	・知識・技術・技能 ・行動力 ・計画力 ・問題解決力	・仕事の量 ・仕事の質・正確さ
上級職 （社員7～9級）	・積極性 ・責任性 ・経営認識 ・コスト意識	・統率・管理力 ・行動力・決断力 ・問題解決力 ・指導育成力	・部門の業務目標の達成度 ・部門の業務の質

2　賞与の考課

	勤務態度	勤務成績
初級職 （社員1～3級）	・規律性 ・協調性 ・積極性 ・責任性 ・時間意識・時間活用	・仕事の量 ・仕事の質・正確さ

第4章　資格等級別・コース別の人事考課表

中級職 （社員4〜6級）	・協調性 ・積極性 ・責任性 ・コスト意識	・仕事の量 ・仕事の質・正確さ
上級職 （社員7〜9級）	・積極性 ・責任性 ・経営認識 ・コスト意識	・部門の業務目標の達成度 ・部門の業務の質

③　考課分野ごとのウエイト

　人事考課の実効性を高めるという観点からすると、考課対象分野（勤務態度、職務遂行能力、勤務成績）ごとに、一定のウエイトを設けるのがよい。

　ウエイトの重さは、

　・資格等級別の役割

　・人事考課の活用目的（昇給、昇進・昇格、配置、能力開発、賞与）

などを、総合的に判断して決める。

　資格等級の区分に応じて、ウエイトの目安を示すと、図表4－4のとおりである。

図表4－4　考課分野ごとのウエイト

1　昇給等の考課

	勤務態度	職務遂行能力	勤務成績	計
初級職 （社員1〜3級）	40点	40点	20点	100点
中級職 （社員4〜6級）	30点	40点	30点	100点
上級職 （社員7〜9級）	20点	40点	40点	100点

99

第4章　資格等級別・コース別の人事考課表

2　賞与の考課

	勤務態度	勤務成績	計
初級職 （社員１〜３級）	50点	50点	100点
中級職 （社員４〜６級）	30点	70点	100点
上級職 （社員７〜９級）	20点	80点	100点

（3）資格等級別人事考課表のモデル

資格等級別の人事考課表のモデルを示すと、次のとおりである。

（1）初級職（社員１級〜３級）の人事考課表
　　　　昇給用➡様式１
　　　　賞与用➡様式２
（2）中級職（社員４級〜６級）の人事考課表
　　　　昇給用➡様式３
　　　　賞与用➡様式４
（3）上級職（社員７級〜９級）の人事考課表
　　　　昇給用➡様式５
　　　　賞与用➡様式６

第4章　資格等級別・コース別の人事考課表

（様式1）初級職（社員1～3級）の人事考課表（昇給用）

人事考課表（社員1～3級・昇給用）

被　考　課　者	○○部○○課　（氏名）○○○○
考課対象期間	○○年○○月○○日～○○年○○月○○日

～考課対象期間中の勤務態度、能力および勤務成績を次の5段階で公正に評価して下さい～

（評価区分）
S＝きわめて優れていた
A＝優れていた
B＝普通
C＝やや劣っていた
D＝劣っていた

1　勤務態度

考課項目	着眼点	考課
規律性	・就業規則などの規則・規程をよく守ったか ・仕事において、上司の指示命令をよく守ったか	S　A　B　C　D ├─┼─┼─┼─┤ 10　8　6　4　2
協調性	・上司・同僚との人間関係に気を配って仕事をしたか ・職場の和を重視して仕事をしたか	S　A　B　C　D ├─┼─┼─┼─┤ 10　8　6　4　2
積極性	・与えられた仕事に前向きの姿勢で取り組んだか ・仕事の進め方の改善、能力の向上に努めたか ・仕事の内容に不平不満をいうことはなかったか	S　A　B　C　D ├─┼─┼─┼─┤ 10　8　6　4　2

101

第4章　資格等級別・コース別の人事考課表

責任性	・与えられた仕事を最後まできちんとやり終えたか ・仕事への責任感・使命感があったか	S　A　B　C　D 10　8　6　4　2
		（小計）　　　点

2　職務遂行能力

知識・技術・技能	・担当する業務の遂行に必要な知識または技術・技能を習得しているか ・関連する業務について、一定の知識または技術・技能を習得しているか	S　A　B　C　D 20　16　12　8　4
理解力	・上司の指示・命令、伝達事項を正しく理解できるか ・上司が指示したとおりに業務を遂行したか	S　A　B　C　D 5　4　3　2　1
表現力	・仕事の進み具合や結果を口頭または文書等で正確かつ簡潔に表現できるか ・自分の考えや意見をはっきりと伝えられるか ・話し方、書き方が冗長でないか	S　A　B　C　D 5　4　3　2　1
行動力	・指示命令されたことをすぐに実行しているか ・多少の困難や障害があっても、仕事を確実に進めていけるか ・仕事に対する粘り強さがあるか	S　A　B　C　D 10　8　6　4　2
		（小計）　　　点

102

第4章　資格等級別・コース別の人事考課表

3　勤務成績

仕事の量	・能力や経験年数にふさわしい量の仕事をしたか ・与えられた仕事を迅速に遂行したか	S A B C D 10 8 6 4 2
仕事の質	・与えられた仕事を正確に処理したか ・仕事において、ミスや不手際を起こすことはなかったか	S A B C D 10 8 6 4 2
		（小計）　　点

計（勤務態度・能力・勤務成績）（100点満点）	点

考課者氏名	
考課者所見	

以上

103

第 4 章　資格等級別・コース別の人事考課表

（様式２）初級職（社員１～３級）の人事考課表（賞与用）

人事考課表（社員１～３級・賞与）
（○○年度夏季・年末賞与）

被　考　課　者	○○部○○課　（氏名）○○○○
考課対象期間	○○年○○月○○日～○○年○○月○○日

～考課対象期間中の勤務態度および勤務成績を次の５段階で公正に評価
　して下さい～

（評価区分）
S＝きわめて優れていた
A＝優れていた
B＝普通
C＝やや劣っていた
D＝劣っていた

1　勤務態度

考課項目	着眼点	考課
協調性	・上司・同僚との人間関係に気を配って仕事をしたか ・職場の和を重視して仕事をしたか	S　A　B　C　D 10　8　6　4　2
積極性	・与えられた仕事に前向きの姿勢で取り組んだか ・仕事の進め方の改善、能力の向上に努めたか ・仕事の内容に不平不満をいうことはなかったか	S　A　B　C　D 15　12　9　6　3

104

第4章　資格等級別・コース別の人事考課表

責任性	・与えられた仕事を最後まできちんとやり終えたか ・仕事への責任感・使命感があったか	S A B C D 15 12 9 6 3
時間意識・時間活用	・勤務時間の有効活用の重要性を意識していたか ・勤務時間を上手に使って仕事をしたか ・勤務時間中は、職務に集中していたか。雑談、私語、私用の電話などで、時間をムダに過ごしたことはなかったか	S A B C D 10 8 6 4 2
		（小計）　　点

2　勤務成績

仕事の量	・能力や経験年数にふさわしい量の仕事をしたか ・与えられた仕事を迅速に遂行したか	S A B C D 25 20 15 10 5
仕事の質	・与えられた仕事を正確に処理したか ・仕事において、ミスや不手際を起こすことはなかったか	S A B C D 25 20 15 10 5
		（小計）　　点

計（勤務態度・勤務成績）（100点満点）	点

考課者氏名	
考課者所見	

以上

105

第4章　資格等級別・コース別の人事考課表

（様式３）中級職（社員４～６級）の人事考課表（昇給用）

人事考課表（社員４～６級・昇給用）

被 考 課 者	○○部○○課　（氏名）○○○○
考課対象期間	○○年○○月○○日～○○年○○月○○日

～考課対象期間中の勤務態度、能力および勤務成績を次の５段階で公正
　に評価して下さい～

（評価区分）
S＝きわめて優れていた
A＝優れていた
B＝普通
C＝やや劣っていた
D＝劣っていた

1　勤務態度

考課項目	着眼点	考課
協調性	・上司・同僚との人間関係に気を配って仕事をしたか ・職場の和を重視して仕事をしたか	S　A　B　C　D 5　4　3　2　1
積極性	・与えられた仕事に前向きの姿勢で取り組んだか ・仕事の進め方の改善、能力の向上に努めたか ・仕事の内容に不平不満をいうことはなかったか	S　A　B　C　D 5　4　3　2　1
責任性	・与えられた仕事を最後まできちんとやり終えたか ・仕事への責任感・使命感があったか	S　A　B　C　D 10　8　6　4　2

106

第4章　資格等級別・コース別の人事考課表

コスト意識	・コストの削減、無駄の排除の必要性・重要性を認識しているか ・日ごろから自分なりにコストの削減、無駄の排除に真剣に取り組んでいるか	S　A　B　C　D 5　4　3　2　1
倫理性	・担当する業務に適用される法令について、一定の知識を持っているか ・法令順守の必要性・重要性を認識しているか ・倫理観が強いか	S　A　B　C　D 5　4　3　2　1
		（小計）　　　点

2　職務遂行能力

知識・技術・技能	・担当する業務の遂行に必要な知識または技術・技能を習得しているか ・関連する業務について、一定の知識または技術・技能を習得しているか	S　A　B　C　D 20　16　12　8　4
行動力	・指示命令されたことをすぐに実行しているか ・多少の困難や障害があっても、仕事を確実に進めていけるか ・仕事に対する粘り強さがあるか	S　A　B　C　D 10　8　6　4　2

107

第4章　資格等級別・コース別の人事考課表

計画力	・業務目標を達成するための合理的・現実的な計画を作成できるか ・業務の進め方について、あらかじめ実行可能な手順、方法、時間配分を考えているか	S　A　B　C　D 5　4　3　2　1
問題解決力	・業務において何か問題やトラブルが生じたときに、適切な解決策を選択し、実行したか ・問題やトラブルの解決に粘り強く取り組んだか	S　A　B　C　D 5　4　3　2　1
		（小計）　　　点

3　勤務成績

仕事の量	・自己の資格等級にふさわしい量の仕事をしたか ・仕事の量は、会社の期待に応えるものであったか ・与えられた仕事を迅速に遂行したか	S　A　B　C　D 15　12　9　6　3
仕事の質	・与えられた仕事を正確に処理したか ・仕事の質は、自己の資格等級にふさわしいものであったか ・仕事において、ミスや不手際を起こすことはなかったか	S　A　B　C　D 15　12　9　6　3
		（小計）　　　点

計（勤務態度・能力・勤務成績）（100点満点）	点

第4章　資格等級別・コース別の人事考課表

考課者氏名	
考課者所見	

以上

第4章　資格等級別・コース別の人事考課表

（様式４）中級職（社員４～６級）の人事考課表（賞与用）

人事考課表（社員４～６級）
（○○年度夏季・年末賞与）

被 考 課 者	○○部○○課　（氏名）○○○○
考課対象期間	○○年○○月○○日～○○年○○月○○日

～考課対象期間中の勤務態度および勤務成績を次の５段階で公正に評価して下さい～

（評価区分）
S＝きわめて優れていた
A＝優れていた
B＝普通
C＝やや劣っていた
D＝劣っていた

1　勤務態度

考課項目	着眼点	考課
協調性	・上司・同僚との人間関係に気を配って仕事をしたか ・職場の和を重視して仕事をしたか	S　A　B　C　D 5　4　3　2　1
積極性	・与えられた仕事に前向きの姿勢で取り組んだか ・仕事の進め方の改善、能力の向上に努めたか ・仕事の内容に不平不満をいうことはなかったか	S　A　B　C　D 10　8　6　4　2

110

第4章　資格等級別・コース別の人事考課表

責任性	・与えられた仕事を最後まできちんとやり終えたか ・仕事への責任感・使命感があったか	S　A　B　C　D 10　8　6　4　2
コスト意識	・コストの削減、無駄の排除の必要性・重要性を認識しているか ・日ごろから自分なりにコストの削減、無駄の排除に真剣に取り組んでいるか	S　A　B　C　D 5　4　3　2　1
		（小計）　　　点

2　勤務成績

仕事の量	・自己の資格等級にふさわしい量の仕事をしたか ・仕事の量は、会社の期待に応えるものであったか ・与えられた仕事を迅速に遂行したか	S　A　B　C　D 35　28　21　14　7
仕事の質	・与えられた仕事を正確に処理したか ・仕事の質は、自己の資格等級にふさわしいものであったか ・仕事において、ミスや不手際を起こすことはなかったか	S　A　B　C　D 35　28　21　14　7
		（小計）　　　点

計（勤務態度・勤務成績）（100点満点）	点

考課者氏名	

111

第4章　資格等級別・コース別の人事考課表

考課者所見	
	以上

（様式５）上級職（社員７～９級）の人事考課表（昇給用）

人事考課表（社員７～９級・昇給用）

被 考 課 者	○○部○○課　（氏名）○○○○
考課対象期間	○○年○○月○○日～○○年○○月○○日

～考課対象期間中の勤務態度、能力および勤務成績を次の５段階で公正
に評価して下さい～

（評価区分）
S＝きわめて優れていた
A＝優れていた
B＝普通
C＝やや劣っていた
D＝劣っていた

1　勤務態度

考課項目	着眼点	考課
積極性	・部門の業務目標達成のために部下の先頭に立って仕事をしたか ・部門の仕事の改善、生産性の向上に取り組んだか	S　A　B　C　D 5　4　3　2　1
責任性	・役職者としての役割と責任を意識して行動したか ・仕事への責任感・使命感があったか	S　A　B　C　D 5　4　3　2　1

第4章　資格等級別・コース別の人事考課表

経営認識	・会社の経営方針・経営理念を正しく理解して行動したか ・担当部門の利害得失にこだわることなく、広い立場、高い視点に立って、ものごとを判断したか	S　A　B　C　D ├─┼─┼─┼─┤ 5　4　3　2　1
コスト意識	・常にコスト意識を持って仕事に取り組んだか ・日頃からコストの削減とムダの排除に努めたか	S　A　B　C　D ├─┼─┼─┼─┤ 5　4　3　2　1
		（小計）　　　点

2　能力

統率・管理力	・年度の業務目標を部下全員に周知していたか ・部下一人ひとりについて、その能力と意欲に応じて適切な役割（職務内容）を定め、本人に伝えていたか ・部下が自分の役割を果たしているかを定期的にチェックしていたか。職務の進捗状況を的確に把握していたか	S　A　B　C　D ├─┼─┼─┼─┤ 10　8　6　4　2
行動力	・部下を指導して、業務目標の達成のために必要なことを力強く実行したか ・業務目標を達成しようとする強い意志があったか ・多少の困難や支障があっても、それに屈することなく業務を遂行したか	S　A　B　C　D ├─┼─┼─┼─┤ 10　8　6　4　2

114

第4章　資格等級別・コース別の人事考課表

決断力	・その場の状況に応じて的確な決断ができるか ・決断が早すぎたり、遅すぎたりすることはないか	S　A　B　C　D 5　4　3　2　1
問題解決力	・所管部門において何か問題やトラブルが生じたときに、最も適切な解決策を選択し、実行したか ・問題やトラブルの解決に粘り強く取り組んだか	S　A　B　C　D 5　4　3　2　1
指導育成力	・部下一人ひとりについて、その能力と性格を正しく把握し、本人にふさわしい仕事を与えているか ・日ごろから部下の能力向上に計画的に取り組んでいるか ・仕事のできる部下が育っているか	S　A　B　C　D 10　8　6　4　2
		（小計）　　　点

3　勤務成績

業務目標の達成度	・部下を適切に指揮命令して、担当部門の業務目標を達成することができたか ・担当部門の生産性の向上において、一定の成果があったか	S　A　B　C　D 20　16　12　8　4
部門業務の質	・担当部門の業務内容は、正確で質的に優れていたか ・担当部門において、仕事のミスや不手際はなかったか	S　A　B　C　D 20　16　12　8　4

115

第4章　資格等級別・コース別の人事考課表

		（小計）	点
計（勤務態度・能力・勤務成績）（100点満点）			点

考課者氏名	
考課者所見	

以上

第4章　資格等級別・コース別の人事考課表

（様式6）上級職（社員7〜9級）の人事考課表（賞与用）

人事考課表（社員7〜9級・賞与用）
（○○年度夏季・年末賞与）

被 考 課 者	○○部○○課　（氏名）○○○○
考課対象期間	○○年○○月○○日〜○○年○○月○○日

〜考課対象期間中の勤務態度および勤務成績を次の5段階で公正に評価
　して下さい〜

（評価区分）
S＝きわめて優れていた
A＝優れていた
B＝普通
C＝やや劣っていた
D＝劣っていた

1　勤務態度

考課項目	着眼点	考課
積極性	・部門の業務目標達成のために部下の先頭に立って仕事をしたか ・部門の仕事の改善、生産性の向上に取り組んだか	S A B C D 5 4 3 2 1
責任性	・役職者としての役割と責任を意識して行動したか ・仕事への責任感・使命感があったか	S A B C D 5 4 3 2 1

117

経営認識	・会社の経営方針・経営理念を正しく理解して行動したか ・担当部門の利害得失にこだわることなく、広い立場、高い視点に立って、ものごとを判断したか	S A B C D 5 4 3 2 1
コスト意識	・常にコスト意識を持って仕事に取り組んだか ・日頃からコストの削減とムダの排除に努めたか	S A B C D 5 4 3 2 1
		（小計）　　点

2　勤務成績

業務目標の達成度	・部下を適切に指揮命令して、担当部門の業務目標を達成することができたか ・担当部門の生産性の向上において、一定の成果があったか	S A B C D 40 32 24 16 8
部門業務の質	・担当部門の業務内容は、正確で質的に優れていたか ・担当部門において、仕事のミスや不手際はなかったか	S A B C D 40 32 24 16 8
		（小計）　　点

計（勤務態度・勤務成績）（100点満点）	点

考課者氏名	
考課者所見	

以上

第4章　資格等級別・コース別の人事考課表

2　コース別の人事考課表

（1）コース別制度の趣旨

　仕事についての考えは、人によって異なる。

　「能力をフルに生かして、会社の中心的な仕事をしたい」「経営の中核的な業務を担当したい」と考えている者もいれば、「責任の重い仕事よりも、定型的・補助的な仕事で差し支えない」という人もいる。

　役職昇進についての考えも、人によって違う。「課長・部長に昇進したい」という希望を持っている人もいれば、「昇進は特に希望しない」と考えている人もいる。

　このような職業観の相違に着目した人事管理の方法が「コース別人事管理」である。これは、

　　・企画力、判断力、管理力または専門的知識等を踏まえ、基幹的、管理的または専門的業務を担当する職掌（総合職）

　　・一般的な知識を踏まえ、定型的、補助的な業務を担当する職掌（一般職）

とに区分して人事管理を行うというものである（図表4－5）。

第4章　資格等級別・コース別の人事考課表

図表4－5　コース別人事管理制度の概要

	総合職	一般職
採用対象者	高専、大学、大学院	高校、短大、専門学校、大学
採用事業所	本社採用	事業所採用
初任給	学歴別に設定	学歴別に設定
職務	基幹的・管理的な業務、または専門的知識を必要とする業務	定型的・補助的な業務
教育訓練	総合的または専門的知識・技術を付与する教育	実務的な知識・技能を付与する教育
役職への登用	有	無
職種の変更	有	無
勤務地の変更	有	無
他社への出向	有	無

（2）コース別の人事考課
①　コース別の人事考課の実施
　一般職と総合職とでは、要求される能力も異なれば、期待される仕事の成績も異なる。

　一般職は、主として上位者の指示命令や監督を受けて定型的・補助的な業務を担当するので、一般的な実務的知識と理解力・表現力などを備えていれば、業務を遂行することができる。

　これに対して、総合職は、専門的な知識を必要とする基幹的・非定形的な業務を担当するので、専門的な知識に加え、分析力、計画力、問題解決力などが要求される。

　また、一般職は、定型的・補助的な業務をより一層迅速かつ正確に処理することが期待されるのに対し、総合職は、専門的な知識を活用して、営業、企画、新商品開発、技術開発といった分野において会社の業績に貢献するこ

第4章　資格等級別・コース別の人事考課表

とが期待される。

　このような事情を勘案すると、人事考課は、一般職と総合職とに区分して行うのが合理的・現実的といえる。一般職と総合職とを区分することなく、一括して考課を行うのは合理的とはいえない。

② 　コース別の考課項目

　　一般職・総合職とも、

　　・期待される勤務態度

　　・職務の円滑な遂行に要求される能力

　　・期待される仕事の成果

を十分に勘案して考課項目を決める。

　　一般的には、次のように決めるのが妥当であろう。

図表４－６　コース別の考課項目

1　昇給等の考課

	勤務態度	職務遂行能力	勤務成績
一般職	・規律性 ・協調性 ・積極性 ・責任性 ・報告・連絡・相談	・知識・技術・技能 ・理解力 ・表現力 ・行動力	・仕事の量 ・仕事の質・正確さ
総合職	・積極性 ・責任性 ・経営認識 ・自己啓発	・知識・技術・技能 ・行動力 ・計画力 ・改善力（創意工夫力） ・問題解決力	・仕事の量 ・仕事の質・正確さ

121

第4章　資格等級別・コース別の人事考課表

2　賞与の考課

	勤務態度	勤務成績
一般職	・規律性 ・協調性 ・積極性 ・責任性 ・報告・連絡・相談	・仕事の量 ・仕事の質・正確さ
総合職	・積極性 ・責任性 ・経営認識 ・自己啓発	・仕事の量 ・仕事の質・正確さ

③　考課分野ごとのウエイト

　人事考課の実効性を高めるという観点からすると、考課対象分野（勤務態度、職務遂行能力、勤務成績）ごとに、一定のウエイトを設けるのがよい。
　ウエイトの重さは、
　・社内での役割
　・人事考課の活用目的（昇給、昇進・昇格、配置、能力開発、賞与）
などを、総合的に判断して決める。
　昇給等と賞与について、ウエイトの目安を示すと、図表4－7のとおりである。

図表4－7　考課分野ごとのウエイト

1　昇給等の考課

	勤務態度	職務遂行能力	勤務成績	計
一般職	40点	40点	20点	100点
総合職	30点	40点	30点	100点

122

第4章　資格等級別・コース別の人事考課表

2　賞与の考課

	勤務態度	勤務成績	計
一般職	50点	50点	100点
総合職	30点	70点	100点

（3）コース別人事考課表のモデル
コース別の人事考課表のモデルを示すと、次のとおりである。

（1）一般職の人事考課表
　　　昇給用➡様式7
　　　賞与用➡様式8
（2）総合職の人事考課表
　　　昇給用➡様式9
　　　賞与用➡様式10

第4章　資格等級別・コース別の人事考課表

（様式7）一般職の人事考課表（昇給用）

人事考課表（一般職・昇給用）

被 考 課 者	○○部○○課　（氏名）○○○○
考課対象期間	○○年○○月○○日〜○○年○○月○○日

〜考課対象期間中の勤務態度、能力および勤務成績を次の5段階で公正
に評価して下さい〜

（評価区分）
S＝きわめて優れていた
A＝優れていた
B＝普通
C＝やや劣っていた
D＝劣っていた

考課項目	着眼点	考課
1　勤務態度		
規律性	・就業規則などの規則・規程を 　よく守ったか ・仕事において、上司の指示命 　令をよく守ったか	S　A　B　C　D 5　4　3　2　1
協調性	・上司・同僚との人間関係に気 　を配って仕事をしたか ・職場の和を重視して仕事をし 　たか	S　A　B　C　D 5　4　3　2　1

124

第4章　資格等級別・コース別の人事考課表

積極性	・与えられた仕事に前向きの姿勢で取り組んだか ・仕事の進め方の改善、能力の向上に努めたか ・仕事の内容に不平不満をいうことはなかったか	S　A　B　C　D 10　8　6　4　2
責任性	・与えられた仕事を最後まできちんとやり終えたか ・仕事への責任感・使命感があったか	S　A　B　C　D 10　8　6　4　2
報告・連絡・相談	・仕事の進捗状況を定期的に、正確に上司に報告したか ・仕事においてトラブルや問題が生じたときに、その内容を直ちに上司に報告したか ・仕事で困ったことが生じたときは、上司に相談しているか	S　A　B　C　D 10　8　6　4　2
		（小計）　　　点
２　能力		
知識・技術・技能	・担当する業務の遂行に必要な知識または技術・技能を習得しているか ・関連する業務について、一定の知識または技術・技能を習得しているか	S　A　B　C　D 20　16　12　8　4
理解力・判断力	・上司の指示命令、伝達事項を正しく理解できるか ・上司の指示命令を正しく守って仕事をしているか	S　A　B　C　D 5　4　3　2　1

125

第4章　資格等級別・コース別の人事考課表

表現力	・仕事の進み具合や結果を口頭または文書等で正確かつ簡潔に表現できるか ・自分の考えや意見をはっきりと伝えられるか	S　A　B　C　D ┝━┿━┿━┿━┥ 5　4　3　2　1
行動力	・指示命令したことをすぐに実行しているか ・多少の困難や障害があっても、仕事を確実に進めていけるか ・仕事に対する粘り強さがあるか	S　A　B　C　D ┝━┿━┿━┿━┥ 10　8　6　4　2
		（小計）　　　点
3　勤務成績		
仕事の量	・能力や経験年数にふさわしい量の仕事をしたか ・仕事の量は、会社の期待に応えるものであったか ・与えられた仕事を迅速に遂行したか	S　A　B　C　D ┝━┿━┿━┿━┥ 10　8　6　4　2
仕事の質	・与えられた仕事を所定の基準にしたがって正確に処理したか ・仕事の質は、会社の期待に応えるものであったか ・仕事において、ミスや不手際を起こすことはなかったか	S　A　B　C　D ┝━┿━┿━┿━┥ 10　8　6　4　2
		（小計）　　　点
	合計点（100点満点）	点

考課者氏名	

第4章　資格等級別・コース別の人事考課表

考課者所見	
	以上

127

第4章　資格等級別・コース別の人事考課表

（様式8）一般職の人事考課表（賞与用）

人事考課表（一般職・賞与用）
（○○年度夏季・年末賞与）

被　考　課　者	○○部○○課　（氏名）○○○○
考課対象期間	○○年○○月○○日～○○年○○月○○日

～考課対象期間中の勤務態度および勤務成績を次の5段階で公正に評価
　して下さい～

（評価区分）
S＝きわめて優れていた
A＝優れていた
B＝普通
C＝やや劣っていた
D＝劣っていた

考課項目	着眼点	考課
1　勤務態度		
協調性	・上司・同僚との人間関係に気を配って仕事をしたか ・職場の和を重視して仕事をしたか	S　A　B　C　D 10　8　6　4　2
積極性	・与えられた仕事に前向きの姿勢で取り組んだか ・仕事の進め方の改善、能力の向上に努めたか ・仕事の内容に不平不満をいうことはなかったか	S　A　B　C　D 15　12　9　6　3

128

責任性	・与えられた仕事を最後まできちんとやり終えたか ・仕事への責任感・使命感があったか	S A B C D 15 12 9 6 3
報告・連絡・相談	・仕事の進捗状況を定期的に、正確に上司に報告したか ・仕事においてトラブルや問題が生じたときに、その内容を直ちに上司に報告したか ・仕事で困ったことが生じたときは、上司に相談しているか	S A B C D 10 8 6 4 2
		（小計）　　　点
2　勤務成績		
仕事の量	・能力や経験年数にふさわしい量の仕事をしたか ・仕事の量は、会社の期待に応えるものであったか ・与えられた仕事を迅速に遂行したか	S A B C D 25 20 15 10 5
仕事の質	・与えられた仕事を正確に処理したか ・仕事の質は、会社の期待に応えるものであったか ・仕事において、ミスや不手際を起こすことはなかったか	S A B C D 25 20 15 10 5
		（小計）　　　点
	合計点（100点満点）	点

考課者氏名	

第4章　資格等級別・コース別の人事考課表

考課者所見	
	以上

第4章　資格等級別・コース別の人事考課表

（様式９）総合職の人事考課表（昇給用）

人事考課表（総合職・昇給用）

被 考 課 者	○○部○○課　（氏名）○○○○
考課対象期間	○○年○○月○○日～○○年○○月○○日

～考課対象期間中の勤務態度、能力および勤務成績を次の５段階で公正
　に評価して下さい～

（評価区分）
S ＝きわめて優れていた
A ＝優れていた
B ＝普通
C ＝やや劣っていた
D ＝劣っていた

考課項目	着眼点	考課
1　勤務態度		
積極性	・総合職としての自覚を持ち、指示された業務に積極的、意欲的に取り組んだか ・自己の業務のほか、部門の仕事の改善、生産性の向上についても、取り組んだか	S　A　B　C　D 10　8　6　4　2
責任性	・指示された業務を最後までやり終えたか ・職場における自己の役割と責任を意識して行動したか ・仕事への責任感・使命感があったか	S　A　B　C　D 10　8　6　4　2

131

第4章　資格等級別・コース別の人事考課表

経営認識	・総合職として会社の経営方針・経営理念を正しく理解して行動したか ・担当部門の利害得失にこだわることなく、広い立場、高い視点に立って、ものごとを判断したか	S　A　B　C　D 5　4　3　2　1
自己啓発	・仕事に必要な知識の拡大、視野の拡大に積極的に取り組んだか ・日頃から仕事に関係する情報の収集に努めたか	S　A　B　C　D 5　4　3　2　1
		（小計）　　点
2　能力		
知識・技術・技能	・担当する業務について、専門的な知識または技術を習得しているか ・担当業務に関連する業務についても、一定レベルの知識を持っているか ・総合職にふさわしい幅広い知識を備えているか	S　A　B　C　D 15　12　9　6　3
行動力	・指示されたことをすぐに実行に移せるか ・多少の困難や障害に直面しても、業務を確実に進めていくことができるか ・業務遂行に対する粘り強さがあるか	S　A　B　C　D 10　8　6　4　2

計画力	・業務目標を達成するための合理的・現実的な計画を作成できるか ・業務の進め方について、あらかじめ実行可能な手順、方法、時間配分を考えているか	S A B C D 5 4 3 2 1
業務改善力（創意工夫力）	・業務の効率化、コストダウン等について、創意工夫、改善を図っていけるか ・業務の進め方がマンネリに陥っていないか	S A B C D 5 4 3 2 1
問題解決力	・業務において何か問題やトラブルが生じたときに、適切な解決策を選択し、実行したか ・問題やトラブルの解決に粘り強く取り組んだか	S A B C D 5 4 3 2 1
		（小計）　　点
3　勤務成績		
業務の量	・総合職として、手段・方法および時間配分をよく考え、会社の期待に応えるだけの業務量を処理・遂行したか ・総合職としての自覚を持ち、業務に積極的・意欲的に取り組み、業務目標を達成したか	S A B C D 15 12 9 6 3

第4章　資格等級別・コース別の人事考課表

業務の質	・業務の内容は、正確で質的に優れていたか ・業務の質は、総合職にふさわしいものであったか ・業務遂行において、ミスや不手際はなかったか	S A B C D ├─┼─┼─┼─┤ 15 12 9 6 3
		（小計）　　　点
	合計点（100点満点）	点

考課者氏名	
考課者所見	

以上

第4章　資格等級別・コース別の人事考課表

（様式10）総合職の人事考課表（賞与用）

人事考課表（総合職・賞与用）
（○○年度夏季・年末賞与）

被 考 課 者	○○部○○課　（氏名）○○○○
考課対象期間	○○年○○月○○日～○○年○○月○○日

～考課対象期間中の勤務態度および勤務成績を次の５段階で公正に評価
して下さい～

（評価区分）
S＝きわめて優れていた
A＝優れていた
B＝普通
C＝やや劣っていた
D＝劣っていた

考課項目	着眼点	考課
1　勤務態度		
積極性	・総合職としての自覚を持ち、指示された職務に積極的、意欲的に取り組んだか ・自己の業務のほか、部門の仕事の改善、生産性の向上についても、取り組んだか	S　A　B　C　D 10　8　6　4　2
責任性	・指示された業務を最後までやり終えたか ・職場における自己の役割と責任を意識して行動したか ・仕事への責任感・使命感があったか	S　A　B　C　D 10　8　6　4　2

135

第4章　資格等級別・コース別の人事考課表

経営認識	・総合職として会社の経営方針・経営理念を正しく理解して行動したか ・担当部門の利害得失にこだわることなく、広い立場、高い視点に立って、ものごとを判断したか	S　A　B　C　D 5　4　3　2　1
自己啓発	・仕事に必要な知識の拡大、視野の拡大に積極的に取り組んだか ・日頃から仕事に関係する情報の収集に努めたか	S　A　B　C　D 5　4　3　2　1
		（小計）　　　点
2　勤務成績		
業務の量	・総合職として、手段・方法および時間配分をよく考え、会社の期待に応えるだけの業務量を処理・遂行したか ・総合職としての自覚を持ち、業務に積極的・意欲的に取り組み、業務目標を達成したか	S　A　B　C　D 35　28　21　14　7
業務の質	・業務の内容は、正確で質的に優れていたか ・業務の質は、総合職にふさわしいものであったか ・業務遂行において、ミスや不手際はなかったか	S　A　B　C　D 35　28　21　14　7
		（小計）　　　点
	合計点（100点満点）	点

第4章　資格等級別・コース別の人事考課表

考課者氏名	
考課者所見	

以上

第5章

職種別の人事考課表

1　職種別の人事考課表作成の趣旨

（1）職種と勤務形態・要求能力等

　会社では、さまざまな仕事が行われている。

　例えば、製造業では、商品の製造・検査・出荷をはじめとし、商品開発、基礎研究、原材料・部品の仕入れ、広告宣伝、営業、輸出、一般事務などの業務が行われている。

　小売業では、店舗における商品の販売をはじめとし、商品の仕入れ・検査、広告宣伝、外販、一般事務などの業務が行われている。

　業務によって、

　　・勤務形態

　　・業務遂行に必要な知識・能力

　　・期待される成果の内容

が異なる。

　事業場外での業務が一般的な仕事もあれば、もっぱら屋内で作業する仕事もある。

　協調性、責任性が強く要求される仕事もあれば、分析力、解析力と知的好奇心が求められる仕事もある。行動力、実行力、交渉力、計画力が要求される業務もある。

　また、仕事の進め方や手段の選択や時間配分が担当者の裁量に委ねられている知的な業務もあれば、一定のマニュアル（手順・方法）に従って迅速かつ正確に処理することが要求される業務もある。

（2）職種別の人事考課表

　このように、勤務形態や職務遂行能力の内容、仕事の成果の内容が職種（担当業務）によって相当異なることを考えると、人事考課は、職種ごとに人事考課表を作成して行うのが合理的・理論的で、説得的であるといえる。

　営業業務に従事する社員もいれば、研究室で基礎研究に取り組む研究者もいる。また、工場では、製品の製造・検査に多くの社員が取り組んでいると

いうのに、「同じ会社の社員だから』という理由で、同一の人事考課表を使用してすべての社員の人事考課を行うのは、合理的・現実的ではない。

社内に20の職種があれば、20の人事考課表を用意して、それぞれの職種に適用するのが望ましい。

かりに、社内に、現業職（技能職）、研究職、商品開発職、広告宣伝職、事務職、営業職、配送職および管理職という8つの職種があるときは、「現業職の人事考課表」「研究職の人事考課表」「商品開発職の人事考課表」・・・、総計8種類の考課表を作成して、それぞれの職種の社員に適用する。

しかし、現実問題として、職種によっては、社員が1人か2人というものも存在するであろう。そのような場合においても、「1職種・1人事考課表」というのは、現実的ではない。

職種別の人事考課表は、その職種の社員数が「一定数以上の場合」とする。

職種別の人事考課表の作成・適用は、
　・人事考課制度の合理化を図れる
　・人事考課制度に対する社員の納得性を高められる
などの効果が期待できる。

2　考課項目の選択

人事考課において最も重要なことは、考課項目の決定である。
考課項目は、
　・勤務形態
　・その職務を遂行するのに特に必要とされる能力
　・要求され、期待される仕事の成果
を、十分に勘案して決定することが重要である。

考課項目が合理的でないと、せっかく役職者を動員し、手間と時間をかけて考課を実施しても、あまり意味がない。それどころか、考課制度への批判と反発が強まる。また、人事管理に対する信頼感が低下する。

一般的に、職種別の考課項目としては、図表5−1に示すようなものが考えられる。

第5章　職種別の人事考課表

図表5－1　職種別の考課項目

	態度考課	能力考課	成績考課
営業職	・規律性 ・積極性 ・責任性 ・お客さま対応	・商品知識・営業知識 ・行動力 ・交渉力 ・情報収集力 ・ストレス耐性	・売上・受注実績 ・代金回収実績
店頭販売職	・規律性 ・積極性 ・責任性 ・接客マナー	・商品知識・販売知識 ・コミュニケーション能力 ・お客さまクレーム処理能力 ・ストレス耐性	・仕事の迅速さ ・仕事の正確さ
研究職	・積極性 ・計画性 ・自主性 ・報告・連絡・相談	・専門知識・技術 ・分析力・解析力 ・創意工夫力 ・研究トラブル解決力	・研究活動の成果
専門職（システムエンジニア・デザイナー・法務職・その他）	・積極性 ・計画性 ・責任性 ・時間意識	・専門知識・技術 ・行動力 ・創意工夫力 ・問題解決力 ・気力・体力	・業務の量 ・業務の質

141

第5章　職種別の人事考課表

工場技能職	・規律性 ・協調性 ・積極性 ・責任性 ・安全衛生意識	・業務知識・技能 ・コミュニケーション能力 ・業務改善力 ・製造トラブル対応力	・仕事の量 ・仕事の質
建設作業職	・規律性 ・責任性 ・向上心 ・時間意識 ・安全意識	・建設知識・技能 ・報告・連絡・相談 ・業務改善力 ・現場での問題解決力	・建設作業の量 ・建設作業の質
看護職	・規律性 ・協調性 ・積極性 ・責任性 ・患者志向性	・看護知識 ・看護技術 ・コミュニケーション能力 ・緊急時対応力	・看護の迅速さ ・看護の正確さ
介護職	・規律性 ・協調性 ・責任性 ・入所者志向性	・介護知識・技術 ・コミュニケーション能力 ・緊急時対応力	・介護の迅速さ ・介護の正確さ
警備職	・規律性 ・協調性 ・責任性 ・服装・マナー	・警備知識・技術 ・報告・連絡・相談 ・警備トラブル対応力 ・気力・体力	・警備日数・警備回数 ・警備の質

接客サービス職	・規律性 ・協調性 ・責任性 ・服装・マナー ・お客さま志向性	・業務知識・技術 ・報告・連絡・相談 ・お客さまクレーム対応力 ・ストレス耐性	・サービスの迅速さ ・サービスの質

3　職種別の人事考課表のモデル

　職種別の人事考課表のモデルを示すと、次のとおりである。

　なお、いずれの職種についても、役職位またはそれに準じる職位にあり、①部門の運営管理、②部下の勤務管理、③部下の指導育成等の責任を負っている者（マネジャー、リーダー、グループ長、班長、係長、課長、部長、事業所長等）は、対象外とした。

（1）営業職の人事考課表
　　　　昇給用➡様式1
　　　　賞与用➡様式2
（2）店頭販売職の人事考課表
　　　　昇給用➡様式3
　　　　賞与用➡様式4
（3）研究職の人事考課表
　　　　昇給用➡様式5
　　　　賞与用➡様式6
（4）専門職の人事考課表
　　　　昇給用➡様式7
　　　　賞与用➡様式8
（5）工場技能職の人事考課表
　　　　昇給用➡様式9
　　　　賞与用➡様式10
（6）建設作業職の人事考課表
　　　　昇給用➡様式11

第5章 職種別の人事考課表

　　　　　　　賞与用➡様式12
（7） 看護職の人事考課表
　　　　　　　昇給用➡様式13
　　　　　　　賞与用➡様式14
（8） 介護職の人事考課表
　　　　　　　昇給用➡様式15
　　　　　　　賞与用➡様式16
（9） 警備職の人事考課表
　　　　　　　昇給用➡様式17
　　　　　　　賞与用➡様式18
（10） 接客サービス職の人事考課表
　　　　　　　昇給用➡様式19
　　　　　　　賞与用➡様式20

第5章　職種別の人事考課表

（様式1）営業職の人事考課表（昇給用）

人事考課表（営業職・昇給用）

被 考 課 者	○○部○○課　（氏名）○○○○
考課対象期間	○○年○○月○○日～○○年○○月○○日

～考課対象期間中の勤務態度、職務遂行能力および勤務成績を次の5段
　階で公正に評価して下さい～

（評価区分）
S＝きわめて優れていた
A＝優れていた
B＝普通
C＝やや劣っていた
D＝劣っていた

考課項目	着眼点	考課
1　勤務態度		
規律性	・就業規則などの規則・規程を 　よく守ったか ・上司の指示命令をよく守って 　営業活動をしたか ・営業の進捗状況や結果を上司 　にきちんと報告したか	S A B C D 5　4　3　2　1
積極性	・売上・受注を伸ばすために、 　前向きの姿勢で営業活動に取 　り組んだか ・新商品の販売、新しい取引先 　の開拓、代金の回収に積極的 　に取り組んだか ・営業能力の向上に努めたか	S A B C D 10　8　6　4　2

145

責任性	・営業職としての役割と責任をよく自覚して営業活動に当たったか ・お客さまとの間で発生したトラブルの解決に誠実に取り組んだか	S A B C D 10 8 6 4 2
お客様応対	・お客さまに対して、礼儀正しく、明るい態度で応対したか ・お客さまから、服装・態度・言葉遣いなどの面で、クレームが附くことはなかったか	S A B C D 5 4 3 2 1
2　職務遂行能力		
商品知識・営業知識	・担当する商品について、その機能・品質等に関する最新の知識を持っているか ・営業業務について、実務に必要な知識を習得しているか	S A B C D 20 16 12 8 4
行動力	・会社が指示したことや、営業にプラスになることを実行しているか ・多少の困難や障害に直面しても、当初の目標達成に向けて前進できるか	S A B C D 10 8 6 4 2
交渉力	・相手の事情や立場に配慮しつつ、商談をまとめることができるか ・取引先に対して、商品の内容や販売条件を分かりやすく説明できるか	S A B C D 10 8 6 4 2

第5章　職種別の人事考課表

情報収集力	・営業活動に役に立つ情報を幅広く収集しているか ・収集した情報を営業活動で効果的に利用しているか	S　A　B　C　D 5　4　3　2　1
ストレス耐性	・営業活動で生じるストレスによく耐えられるか ・日ごろから自分なりにメンタルヘルスの管理を行っているか	S　A　B　C　D 5　4　3　2　1
3　勤務成績		
売上・受注実績	・営業活動に計画的に取り組み、売上目標・受注目標を達成することができたか ・営業目標を達成するために、最大限の努力を払ったか ・会社が決めた営業ルールを遵守して営業活動を遂行したか	S　A　B　C　D 10　8　6　4　2
代金回収実績	・売上代金回収の必要性を認識し、代金を確実に回収したか ・売上代金の回収において、ミスや不手際を起こすことはなかったか	S　A　B　C　D 10　8　6　4　2
	合計点（100点満点）	点

一次考課者氏名	
一次考課者所見	

147

第5章　職種別の人事考課表

二次考課者氏名	
二次考課者所見	□一次考課は適切である □一次考課はおおむね適切である □次のように評価するのが妥当である 　（勤務態度〇〇点、職務遂行能力〇〇点、勤務成績〇〇点、合計〇〇点）

以上

第5章　職種別の人事考課表

（様式2）営業職の人事考課表（賞与用）

人事考課表（営業職・賞与用）
（○○年度夏季・年末賞与）

被 考 課 者	○○部○○課　（氏名）○○○○
考課対象期間	○○年○○月○○日～○○年○○月○○日

～考課対象期間中の勤務態度および勤務成績を次の5段階で公正に評価して下さい～

（評価区分）
S＝きわめて優れていた
A＝優れていた
B＝普通
C＝やや劣っていた
D＝劣っていた

考課項目	着眼点	考課
1　勤務態度		
規律性	・就業規則などの規則・規程をよく守ったか ・上司の指示命令をよく守って営業活動をしたか ・営業活動の進捗状況や結果を上司にきちんと報告したか	S　A　B　C　D 10　8　6　4　2
積極性	・売上・受注を伸ばすために、前向きの姿勢で営業活動に取り組んだか ・新商品の販売、新しい取引先の開拓、代金の回収に積極的に取り組んだか ・営業能力の向上に努めたか	S　A　B　C　D 15　12　9　6　3

149

第5章　職種別の人事考課表

責任性	・営業職としての役割と責任をよく自覚して営業活動に当たったか ・お客さまとの間で発生したトラブルの解決に誠実に取り組んだか	S　A　B　C　D 15　12　9　6　3
お客様対応	・お客さまに対して、礼儀正しく、明るい態度で応対したか ・接客応対の面で問題やクレームが目立つことはなかったか	S　A　B　C　D 10　8　6　4　2
2　勤務成績		
売上・受注実績	・営業活動に計画的に取り組み、売上目標・受注目標を達成することができたか ・営業目標を達成するために、最大限の努力を払ったか ・会社が決めた営業ルールを遵守して営業活動を遂行したか	S　A　B　C　D 25　20　15　10　5
売上代金回収	・売上代金回収の必要性を認識し、代金を確実に回収したか ・売上代金の回収において、ミスや不手際を起こすことはなかったか	S　A　B　C　D 25　20　15　10　5
	合計点（100点満点）	点

一次考課者氏名	
一次考課者所見	

第5章　職種別の人事考課表

二次考課者氏名	
二次考課者所見	□一次考課は適切である □一次考課はおおむね適切である □次のように評価するのが妥当である （勤務態度○○点、勤務成績○○点、合計○○点） 以上

151

第5章　職種別の人事考課表

（様式3）店頭販売職の人事考課表（昇給用）

人事考課表（店頭販売職・昇給用）

被 考 課 者	○○部○○課　（氏名）○○○○
考課対象期間	○○年○○月○○日～○○年○○月○○日

～考課対象期間中の勤務態度、職務遂行能力および勤務成績を次の5段
　階で公正に評価して下さい～

（評価区分）
S＝きわめて優れていた
A＝優れていた
B＝普通
C＝やや劣っていた
D＝劣っていた

考課項目	着眼点	考課
1　勤務態度		
規律性	・就業規則などの規則・規程をよく守ったか ・無断欠勤、遅刻、早退はなかったか ・上司の指示命令をよく守って販売活動をしたか	S　A　B　C　D 5　4　3　2　1

第 5 章　職種別の人事考課表

積極性	・売上を伸ばすために、日ごろから前向きの姿勢で仕事に取り組んだか ・中元セール・歳末セール等の特別セールに積極的に取り組んだか ・客待ち時間を有効に使っていたか ・販売能力の向上に努めたか	S　A　B　C　D 10　8　6　4　2
責任性	・販売職としての自分の役割と責任をよく自覚して販売活動に当たったか ・指示された仕事を責任を持って処理・遂行したか	S　A　B　C　D 10　8　6　4　2
接客マナー	・お客さまに対して、礼儀正しく、明るい態度で応対したか ・接客応対の面で問題を起こしたり、お客さまに不快感を与えることはなかったか	S　A　B　C　D 5　4　3　2　1
2　職務遂行能力		
商品知識・販売知識	・担当する商品について、その機能・品質等に関する最新の知識を持っているか ・販売業務について、実務に必要な知識を習得しているか	S　A　B　C　D 20　16　12　8　4
コミュニケーション能力	・上司に対する業務の報告は、正確かつ簡潔であったか ・上司による業務命令や指示の内容を正確に理解し、実行したか	S　A　B　C　D 10　8　6　4　2

第5章　職種別の人事考課表

お客さまクレーム処理能力	・お客さまからのクレームを、その内容に応じて迅速・適切に処理できるか ・クレームの処理がこじれたり、会社に重い負担を与えたりすることはなかったか ・クレームの処理について、過去の事例をよく活かしていたか	S　A　B　C　D 10　8　6　4　2
ストレス耐性	・販売・接客活動で生じるストレスによく耐えられるか ・自分なりにメンタルヘルスの管理を行っているか	S　A　B　C　D 10　8　6　4　2
3　勤務成績		
仕事の迅速さ	・お客さまへの商品の販売と代金の受け取りを迅速にできたか ・商品の陳列や入れ替え等の業務を迅速にできたか ・各種の伝票の記載とデータ入力等の事務作業は迅速であったか	S　A　B　C　D 10　8　6　4　2
仕事の正確さ	・お客さまへの商品の販売と代金の受取りは正確であったか ・商品の陳列や入れ替え等の業務を正確にできたか ・各種の伝票の記載とデータ入力等の事務作業は正確であったか	S　A　B　C　D 10　8　6　4　2
	合計点（100点満点）	点

154

第5章　職種別の人事考課表

一次考課者氏名	
一次考課者所見	

二次考課者氏名	
二次考課者所見	□一次考課は適切である □一次考課はおおむね適切である □次のように評価するのが妥当である 　（勤務態度○○点、職務遂行能力○○点、勤務 成績○○点、合計○○点）

以上

第5章　職種別の人事考課表

（様式4）店頭販売職の人事考課表（賞与用）

人事考課表（店頭販売職・賞与用）
（○○年度夏季・年末賞与）

被 考 課 者	○○部○○課　（氏名）○○○○
考課対象期間	○○年○○月○○日～○○年○○月○○日

〜考課対象期間中の勤務態度および勤務成績を次の5段階で公正に評価
して下さい〜

（評価区分）
S＝きわめて優れていた
A＝優れていた
B＝普通
C＝やや劣っていた
D＝劣っていた

考課項目	着眼点	考課
1　勤務態度		
規律性	・就業規則などの規則・規程を 　よく守ったか ・無断欠勤、遅刻、早退はなかっ 　たか ・上司の指示命令をよく守って 　販売活動をしたか	S　A　B　C　D 10　8　6　4　2

156

積極性	・売上を伸ばすために、日ごろから前向きの姿勢で仕事に取り組んだか ・中元セール・歳末セール等の特別セールに積極的に取り組んだか ・客待ち時間を有効に使っていたか ・販売能力の向上に努めたか	S A B C D 20 16 12 8 4	
責任性	・販売職としての役割と責任をよく自覚して販売活動に当たったか ・指示された仕事を責任を持って処理・遂行したか	S A B C D 10 8 6 4 2	
接客マナー	・お客さまに対して、礼儀正しく、明るい態度で応対したか ・接客応対の面で問題を起こしたり、お客さまに不快感を与えることはなかったか	S A B C D 10 8 6 4 2	
2　勤務成績			
仕事の迅速さ	・お客さまへの商品の販売と代金の受け取りを迅速にできたか ・商品の陳列や入れ替え等の業務を迅速にできたか ・各種の伝票の記載とデータ入力等の事務作業は迅速であったか	S A B C D 25 20 15 10 5	

第5章　職種別の人事考課表

仕事の正確さ	・お客さまへの商品の販売と代金の受取りは正確であったか ・商品の陳列や入れ替え等の業務を正確にできたか ・各種の伝票の記載とデータ入力等の事務作業は正確であったか	S　A　B　C　D 25　20　15　10　5
	合計点（100点満点）	点

一次考課者氏名	
一次考課者所見	

二次考課者氏名	
二次考課者所見	□一次考課は適切である □一次考課はおおむね適切である □次のように評価するのが妥当である （勤務態度○○点、勤務成績○○点、合計○○点）

以上

第5章　職種別の人事考課表

（様式5）研究職の人事考課表（昇給用）

人事考課表（研究職・昇給用）

被 考 課 者	○○部○○課　（氏名）○○○○
考課対象期間	○○年○○月○○日〜○○年○○月○○日

〜考課対象期間中の勤務態度、職務遂行能力および勤務成績を次の5段階で公正に評価して下さい〜

（評価区分）
S＝きわめて優れていた
A＝優れていた
B＝普通
C＝やや劣っていた
D＝劣っていた

考課項目	着眼点	考課
1　勤務態度		
積極性	・与えられた研究テーマに前向きの姿勢で取り組んだか ・研究活動の進め方の改善・改良と効率化に積極的に取り組んだか	S　A　B　C　D 10　8　6　4　2
計画性	・あらかじめ手段、方法および時間配分をよく考えて、研究を進めたか ・あらかじめ合理的な計画を立てて研究活動を進めたか ・当初の計画を安易に変更することはなかったか	S　A　B　C　D 5　4　3　2　1

159

自主性	・自主的な姿勢・態度で研究活動に取り組んだか ・困難や障害に直面したときに、安易に上司や同僚に手助けを求めることはなかったか	S A B C D 5 4 3 2 1
報告・連絡・相談	・研究活動の途中経過や結果、問題点などを上司に適宜適切に報告したか ・研究の進め方やデータの解釈などについて、上司や同僚に相談していたか ・研究日誌を正確に記載し、会社にきちんと提出していたか	S A B C D 10 8 6 4 2
2　職務遂行能力		
専門知識・技術	・専攻分野について、高度の専門知識・技術を有しているか ・専攻分野について、最新の知識・技術の吸収・習得に努めているか	S A B C D 20 16 12 8 4
分析力・解析力	・実験・調査で得られた事象やデータを分析する能力に優れているか ・実験結果やデータの分析に、柔軟性があるか	S A B C D 10 8 6 4 2

創意工夫力	・研究の進め方（手段・方法の選択、手順の決定等）について、一般論や通念にとらわれることなく、自分なりに創意工夫を図っているか ・研究の進め方（手段・方法の選択、手順の決定等）がマンネリ化していないか	S A B C D 10 8 6 4 2	
研究トラブル解決力	・研究の過程で問題やトラブルが生じたときは、その問題の内容や緊急性に応じて、適切に対応できるか ・問題やトラブルの解決について、必要に応じて、上司・同僚にアドバイスを求めているか ・問題やトラブルが生じたときは、必ずその原因を究明し、再発の防止を図っているか	S A B C D 10 8 6 4 2	
3　勤務成績			
研究活動の成果	・研究活動の成果は、能力や経験年数にふさわしいものであったか ・経営に貢献する研究成果を収めることができたか ・当初の研究目標をどの程度達成することができたか ・研究成果を高めるための努力と創意工夫の程度はどうであったか	S A B C D 20 16 12 8 4	
	合計点（100点満点）		点

第 5 章　職種別の人事考課表

一次考課者氏名	
一次考課者所見	

二次考課者氏名	
二次考課者所見	□一次考課は適切である □一次考課はおおむね適切である □次のように評価するのが妥当である 　（勤務態度○○点、職務遂行能力○○点、勤務 成績○○点、合計○○点）

以上

第5章　職種別の人事考課表

（様式６）研究職の人事考課表（賞与用）

人事考課表（研究職・賞与用）
（○○年度夏季・年末賞与）

被 考 課 者	○○部○○課　（氏名）○○○○
考課対象期間	○○年○○月○○日～○○年○○月○○日

～考課対象期間中の勤務態度および勤務成績を次の５段階で公正に評価
して下さい～

（評価区分）
S＝きわめて優れていた
A＝優れていた
B＝普通
C＝やや劣っていた
D＝劣っていた

考課項目	着眼点	考課
1　勤務態度		
積極性	・与えられた研究テーマに前向きの姿勢で取り組んだか ・研究活動の進め方の改善・改良と効率化に積極的に取り組んだか	S A B C D 15 12 9 6 3
計画性	・あらかじめ手段、方法および時間配分をよく考えて、研究を進めたか ・あらかじめ合理的な計画を立てて研究活動を進めたか ・当初の計画を安易に変更することはなかったか	S A B C D 15 12 9 6 3

163

第5章　職種別の人事考課表

自主性	・自主的な姿勢・態度で、研究活動に取り組んだか ・困難や障害に直面したときに、安易に上司や同僚に手助けを求めることはなかったか	S　A　B　C　D 10　8　6　4　2
報告・連絡・相談	・研究活動の途中経過や結果、問題点などを上司に適宜適切に報告したか ・報告・連絡のタイミングや内容は適切であったか ・研究日誌を正確に記載し、会社にきちんと提出していたか	S　A　B　C　D 10　8　6　4　2
2　勤務成績		
研究活動の成果	・研究活動の成果は、能力や経験年数にふさわしいものであったか ・経営に貢献する研究成果を収めることができたか ・当初の研究目標をどの程度達成することができたか	S　A　B　C　D 50　40　30　20　10
	合計点（100点満点）	点

一次考課者氏名	
一次考課者所見	

二次考課者氏名	
二次考課者所見	□一次考課は適切である □一次考課はおおむね適切である □次のように評価するのが妥当である （勤務態度○○点、勤務成績○○点、合計○○点）

第 5 章 職種別の人事考課表

以上

第5章　職種別の人事考課表

（様式７）専門職（システムエンジニア、デザイナー、法務職その他）の人事考課表（昇給用）

人事考課表（専門職・昇給用）

被 考 課 者	○○部○○課　（氏名）○○○○
考課対象期間	○○年○○月○○日～○○年○○月○○日

～考課対象期間中の勤務態度、職務遂行能力および勤務成績を次の５段階で公正に評価して下さい～

（評価区分）
S＝きわめて優れていた
A＝優れていた
B＝普通
C＝やや劣っていた
D＝劣っていた

考課項目	着眼点	考課
1　勤務態度		
積極性	・専門職としての使命を自覚し、担当業務に積極的・意欲的に取り組んだか ・担当業務の改善・改良と効率化に積極的に取り組んだか ・専門性の向上に前向きに取り組んだか ・関係部門との情報交換・連絡に前向きで取り組んだか	S A B C D ⊢—⊢—⊢—⊢—⊢ 10 8 6 4 2

166

第5章　職種別の人事考課表

計画性	・これまでの業務経験を踏まえ、あらかじめ合理的な計画を立てて、業務を進めたか ・あらかじめ手段・方法および時間配分をよく考えて業務に取り組んだか	S A B C D 5 4 3 2 1
責任性	・指示された業務を最後まで責任を持ってやり終えたか ・強い責任感・使命感を持って業務に取り組んだか	S A B C D 10 8 6 4 2
時間意識	・勤務時間の大切さについての意識があったか ・勤務時間を有効に活用して、業務を遂行したか	S A B C D 5 4 3 2 1
2　職務遂行能力		
専門知識・技術	・担当業務について、高度の専門知識・技術を有しているか ・担当する業務について、最新の知識・技術の吸収・習得に努めているか	S A B C D 20 16 12 8 4
行動力	・指示されたこと、必要なことを迅速に実行したか ・目標を達成するために、強い意志を持って業務に取り組んだか	S A B C D 10 8 6 4 2
創意工夫力	・業務の合理化、コストの削減等において、創意工夫を図っているか ・業務の進め方や手段・方法の選択がマンネリ化していないか	S A B C D 10 8 6 4 2

167

第5章　職種別の人事考課表

問題解決力	・業務遂行の過程で問題やトラブルが生じたときは、その問題の内容や緊急性に応じて、適切に対応できるか ・問題やトラブルの解決について、必要に応じて、上司・同僚にアドバイスを求めているか ・問題やトラブルが生じたときは、必ずその原因を究明し、再発の防止を図っているか	S　A　B　C　D 5　4　3　2　1
気力・体力	・業務遂行に対する気力・体力は十分にあるか ・困難に直面したときに、やる気が折れたり、体調を崩したりすることはなかったか ・日ごろからメンタルヘルスの維持に努めているか	S　A　B　C　D 5　4　3　2　1
3　勤務成績		
業務の量	・遂行した業務の量は、能力や経験年数にふさわしいものであったか ・業務目標の達成度はどうであったか ・業務目標の達成のために十分努めたか ・経営への貢献度はどうであったか	S　A　B　C　D 10　8　6　4　2

第5章　職種別の人事考課表

業務の質	・遂行した業務の質は、能力や経験年数にふさわしいものであったか ・業務の内容は、正確で、信頼のできるものであったか	S A B C D 10　8　6　4　2
	合計点（100点満点）	点

一次考課者氏名	
一次考課者所見	

二次考課者氏名	
二次考課者所見	□一次考課は適切である □一次考課はおおむね適切である □次のように評価するのが妥当である 　（勤務態度○○点、職務遂行能力○○点、勤務成績○○点、合計○○点）

以上

第5章　職種別の人事考課表

（様式8）専門職（システムエンジニア、デザイナー、法務職その他）の人事考課表（賞与用）

人事考課表（専門職・賞与用）

被 考 課 者	○○部○○課　（氏名）○○○○
考課対象期間	○○年○○月○○日〜○○年○○月○○日

〜考課対象期間中の勤務態度および勤務成績を次の5段階で公正に評価して下さい〜

(評価区分)
S ＝ きわめて優れていた
A ＝ 優れていた
B ＝ 普通
C ＝ やや劣っていた
D ＝ 劣っていた

考課項目	着眼点	考課
1　勤務態度		
積極性	・専門職としての使命を自覚し、担当業務に積極的・意欲的に取り組んだか ・担当業務の改善・改良と効率化に積極的に取り組んだか ・専門性の向上に前向きに取り組んだか ・関係部門との情報交換・連絡に前向きで取り組んだか	S　A　B　C　D 20　16　12　8　4

170

計画性	・これまでの業務経験を踏まえ、あらかじめ合理的な計画を立てて、業務を進めたか ・あらかじめ手段・方法および時間配分をよく考えて業務に取り組んだか	S A B C D 10 8 6 4 2
責任性	・指示された業務を最後まで責任を持ってやり終えたか ・強い責任感・使命感を持って業務に取り組んだか	S A B C D 10 8 6 4 2
時間意識	・勤務時間の大切さについての意識があったか ・勤務時間を有効に活用して、業務を遂行したか	S A B C D 10 8 6 4 2
2　勤務成績		
業務の量	・遂行した業務の量は、能力や経験年数にふさわしいものであったか ・業務目標の達成度はどうであったか ・業務目標の達成のために十分努めたか ・経営への貢献度はどうであったか	S A B C D 25 20 15 10 5
業務の質	・遂行した業務の質は、能力や経験年数にふさわしいものであったか ・業務の内容は、正確で、信頼のできるものであったか	S A B C D 25 20 15 10 5
	合計点（100点満点）	点

第5章　職種別の人事考課表

一次考課者氏名	
一次考課者所見	

二次考課者氏名	
二次考課者所見	□一次考課は適切である □一次考課はおおむね適切である □次のように評価するのが妥当である （勤務態度○○点、勤務成績○○点、合計○○点）

以上

第5章　職種別の人事考課表

（様式９）工場技能職の人事考課表（昇給用）

人事考課表（工場技能職・昇給用）

被 考 課 者	○○部○○課　（氏名）○○○○
考課対象期間	○○年○○月○○日～○○年○○月○○日

～考課対象期間中の勤務態度、職務遂行能力および勤務成績を次の５段
　階で公正に評価して下さい～

（評価区分）
S ＝きわめて優れていた
A ＝優れていた
B ＝普通
C ＝やや劣っていた
D ＝劣っていた

考課項目	着眼点	考課
1　勤務態度		
規律性	・就業規則、安全衛生規則などの規則・規程をよく守ったか ・無断欠勤、遅刻、早退はなかったか。無断で職場を離れることはなかったか ・作業の進め方や作業時間などについて、上司の指示命令をよく守ったか	S　A　B　C　D 5　4　3　2　1
協調性	・上司・同僚との人間関係に気を配って行動したか ・職場の和を重視して仕事をしたか	S　A　B　C　D 5　4　3　2　1

173

積極性	・与えられた仕事に前向きの姿勢で取り組んだか ・仕事の進め方の改善、能力の向上に努めたか ・仕事の内容に不平不満をいうことはなかったか	S A B C D 10 8 6 4 2
責任性	・与えられた仕事を最後まできちんとやり終えたか ・どのような仕事でも、その仕事への責任感・使命感があったか	S A B C D 5 4 3 2 1
安全衛生意識	・安全衛生に十分気を配って仕事を進めたか ・作業を急ぐあまり、安全衛生を軽視することはなかったか	S A B C D 5 4 3 2 1
2　職務遂行能力		
業務知識・技能	・業務遂行に必要な実務知識を習得しているか ・業務を遂行する技能のレベルはどの程度か ・経験年数にふさわしい知識・技能を持っているか	S A B C D 20 16 12 8 4
コミュニケーション能力	・上司の仕事上の指示命令を正しく理解できるか ・仕事の進捗状況や結果を、簡潔・正確に上司に報告できるか	S A B C D 10 8 6 4 2

第５章　職種別の人事考課表

業務改善力	・仕事の進め方、時間の有効活用、コストの削減を図れるか ・日ごろから自分なりに仕事の改善、能率の向上、品質の向上に努めたか	S　A　B　C　D 10　8　6　4　2
製造トラブル対応力	・機械のトラブル、部品の不足などの異常事態に、適切に対応できるか ・トラブルへの対応において、必要以上に時間を要したことはなかったか ・トラブルの内容および応急措置の内容を上司に正確に報告したか	S　A　B　C　D 10　8　6　4　2
3　勤務成績		
仕事の量	・能力や経験年数にふさわしい量の仕事をしたか ・仕事の量は、会社の期待に応えるものであったか ・与えられた仕事を、所定の時間内で迅速に遂行したか	S　A　B　C　D 10　8　6　4　2
仕事の質	・与えられた仕事を、所定の手順・方法に従って正確に処理したか ・仕事において、ミスや不手際を起こすことはなかったか	S　A　B　C　D 10　8　6　4　2
	合計点（100点満点）	点

一次考課者氏名	
一次考課者所見	

第5章　職種別の人事考課表

二次考課者氏名	
二次考課者所見	□一次考課は適切である □一次考課はおおむね適切である □次のように評価するのが妥当である 　（勤務態度○○点、職務遂行能力○○点、勤務成績○○点、合計○○点） <div align="right">以上</div>

第5章　職種別の人事考課表

（様式10）　工場技能職の人事考課表（賞与用）

人事考課表（工場技能職・賞与用）
（○○年度夏季・年末賞与）

被 考 課 者	○○部○○課　（氏名）○○○○
考課対象期間	○○年○○月○○日～○○年○○月○○日

～考課対象期間中の勤務態度および勤務成績を次の5段階で公正に評価
して下さい～

（評価区分）
S＝きわめて優れていた
A＝優れていた
B＝普通
C＝やや劣っていた
D＝劣っていた

考課項目	着眼点	考課
1　勤務態度		
規律性	・就業規則、安全衛生規則などの規則・規程をよく守ったか ・無断欠勤、遅刻、早退はなかったか。無断で職場を離れることはなかったか ・作業の進め方や作業時間などについて、上司の指示命令をよく守ったか	S　A　B　C　D 10　8　6　4　2
協調性	・上司・同僚との人間関係に気を配って行動したか ・職場の和を重視して仕事をしたか	S　A　B　C　D 10　8　6　4　2

177

第 5 章　職種別の人事考課表

積極性	・与えられた仕事に前向きの姿勢で取り組んだか ・仕事の進め方の改善、能力の向上に努めたか ・仕事の内容に不平不満をいうことはなかったか	S A B C D 10 8 6 4 2
責任性	・与えられた仕事を最後まできちんとやり終えたか ・どのような仕事でも、その仕事への責任感・使命感があったか	S A B C D 10 8 6 4 2
安全衛生意識	・安全衛生に十分気を配って仕事を進めたか ・作業を急ぐあまり、安全衛生を軽視することはなかったか	S A B C D 10 8 6 4 2
2　勤務成績		
仕事の量	・能力や経験年数にふさわしい量の仕事をしたか ・仕事の量は、会社の期待に応えるものであったか ・与えられた仕事を、所定の時間内で迅速に遂行したか	S A B C D 25 20 15 10 5
仕事の質	・与えられた仕事を、所定の手順・方法に従って正確に処理したか ・仕事において、ミスや不手際を起こすことはなかったか	S A B C D 25 20 15 10 5
	合計点（100点満点）	点

178

第5章　職種別の人事考課表

一次考課者氏名	
一次考課者所見	

二次考課者氏名	
二次考課者所見	□一次考課は適切である □一次考課はおおむね適切である □次のように評価するのが妥当である （勤務態度○○点、勤務成績○○点、合計○○点）

以上

179

第5章　職種別の人事考課表

（様式11）建設作業職の人事考課表（昇給用）

人事考課表（建設作業職・昇給用）

被 考 課 者	○○部○○課　（氏名）○○○○
考課対象期間	○○年○○月○○日～○○年○○月○○日

～考課対象期間中の勤務態度、職務遂行能力および勤務成績を次の5段
　階で公正に評価して下さい～

（評価区分）
S＝きわめて優れていた
A＝優れていた
B＝普通
C＝やや劣っていた
D＝劣っていた

考課項目	着眼点	考課
1　勤務態度		
規律性	・就業規則、作業安全規則などの規則・規程をよく守ったか ・無断欠勤や遅刻・早退はなかったか ・作業の進め方や作業時間などについて、監督者の指示命令をよく守ったか	S A B C D 5 4 3 2 1
責任性	・与えられた作業を最後まできちんとやり終えたか ・安易に同僚の手助けを求めることはなかったか ・作業完遂についての責任感があったか	S A B C D 10 8 6 4 2

180

第5章　職種別の人事考課表

向上心	・作業の効率化・改善、作業時間の短縮などに努めたか ・技能の向上に、自分なりに努めたか	S　A　B　C　D 5　4　3　2　1
時間意識	・作業時間が限られていることについての意識があったか ・納期厳守の意識があったか ・時間を有効に使って、作業を精力的に進めたか	S　A　B　C　D 5　4　3　2　1
安全意識	・安全と事故防止に十分気を配って、所定の手順・方法に従って作業を進めたか ・作業を急ぐあまり、安全を軽視することはなかったか ・常にヘルメット、作業服等を着用して作業をしたか ・作業の開始前に、必ず、安全防具の確認をしたか	S　A　B　C　D 5　4　3　2　1
2　職務遂行能力		
建設知識・技能	・業務遂行に必要な実務知識を習得しているか ・業務を遂行する技能のレベルはどの程度か ・経験年数にふさわしい知識・技能を持っているか	S　A　B　C　D 20　16　12　8　4

181

第5章　職種別の人事考課表

報告・連絡・相談	・作業の進捗状況や結果を、簡潔・正確に監督者に報告したか ・監督者に連絡すべきことは、必ず連絡したか ・作業の進め方、安全の確保などについて、監督者・同僚に相談しているか	S A B C D 10 8 6 4 2
業務改善力	・作業の進め方の改善、納期の遵守、作業時間の有効活用、コストの削減を図れる能力があるか ・日ごろから仕事の改善に努めたか	S A B C D 10 8 6 4 2
現場での問題解決力	・資材到着の遅延、建設機材の故障、事故の発生、天候の急変などの異常事態発生時に、適切に対応できるか ・トラブルへの対応において、必要以上に時間を要したことはなかったか ・トラブルへの対応について、過去の事例をよく活かしているか	S A B C D 10 8 6 4 2

第5章　職種別の人事考課表

3　勤務成績		
建設作業の量	・能力や経験年数にふさわしい量の作業をしたか ・作業の量は、会社の期待に応えるものであったか ・指示された作業を、予定期間を超えることなく、迅速に遂行したか	S　A　B　C　D 10　8　6　4　2
建設作業の質	・指示された作業を、所定の手順・方法に従って正確に処理したか ・作業の結果は、能力や経験年数にふさわしいものであったか ・作業の結果について、発注者からクレームが出ることはなかったか	S　A　B　C　D 10　8　6　4　2
	合計点（100点満点）	点

一次考課者氏名	
一次考課者所見	

二次考課者氏名	
二次考課者所見	□一次考課は適切である □一次考課はおおむね適切である □次のように評価するのが妥当である 　（勤務態度○○点、職務遂行能力○○点、勤務成績○○点、合計○○点）

以上

183

第5章　職種別の人事考課表

（様式12）建設作業職の人事考課表（賞与用）

人事考課表（建設作業職・賞与用）

被 考 課 者	○○部○○課　（氏名）○○○○
考課対象期間	○○年○○月○○日～○○年○○月○○日

～考課対象期間中の勤務態度および勤務成績を次の5段階で公正に評価して下さい～

（評価区分）
S＝きわめて優れていた
A＝優れていた
B＝普通
C＝やや劣っていた
D＝劣っていた

考課項目	着眼点	考課
1　勤務態度		
規律性	・就業規則、作業安全規則などの規則・規程をよく守ったか ・無断欠勤や遅刻・早退はなかったか ・作業の進め方や作業時間などについて、監督者の指示命令をよく守ったか	S　A　B　C　D 10　8　6　4　2
責任性	・指示された作業を最後まできちんとやり終えたか ・安易に同僚の手助けを求めることはなかったか ・作業完遂についての責任感があったか	S　A　B　C　D 10　8　6　4　2

184

第5章　職種別の人事考課表

向上心	・作業の効率化・改善、作業時間の短縮などに努めたか ・技能の向上に、自分なりに努めたか	S A B C D 10 8 6 4 2
時間意識	・作業時間が限られていることについての意識があったか ・納期厳守の意識があったか ・時間を有効に使って、作業を精力的に進めたか	S A B C D 10 8 6 4 2
安全意識	・安全と事故防止に十分気を配って、所定の手順・方法に従って作業を進めたか ・作業を急ぐあまり、安全を軽視することはなかったか ・常にヘルメット、作業服等を着用して作業をしたか ・作業の開始前に、必ず、安全防具の確認をしたか	S A B C D 10 8 6 4 2
2　勤務成績		
建設作業の量	・能力や経験年数にふさわしい量の作業をしたか ・作業の量は、会社の期待に応えるものであったか ・指示された作業を、予定期間を超えることなく、迅速に遂行したか	S A B C D 25 20 15 10 5

185

第5章　職種別の人事考課表

建設作業の質	・与えられた作業を、所定の手順・方法に従って正確に処理したか ・作業の結果は、能力や経験年数にふさわしいものであったか ・作業の結果について、発注者からクレームが出ることはなかったか	S A B C D 25 20 15 10 5
	合計点（100点満点）	点

一次考課者氏名	
一次考課者所見	

二次考課者氏名	
二次考課者所見	□一次考課は適切である □一次考課はおおむね適切である □次のように評価するのが妥当である （勤務態度○○点、勤務成績○○点、合計○○点）

以上

第 5 章　職種別の人事考課表

（様式13）看護職の人事考課表（昇給用）

人事考課表（看護職・昇給用）

被　考　課　者	○○部○○課　（氏名）○○○○
考課対象期間	○○年○○月○○日〜○○年○○月○○日

〜考課対象期間中の勤務態度、職務遂行能力および勤務成績を次の５段
　階で公正に評価して下さい〜

（評価区分）
S＝きわめて優れていた
A＝優れていた
B＝普通
C＝やや劣っていた
D＝劣っていた

考課項目	着眼点	考課
1　勤務態度		
規律性	・就業規則、看護師勤務規則、その他の規則・規程を誠実に守ったか ・病院長、医師の指示命令を誠実に守ったか ・所定の始業時刻・終業時刻をきちんと守ったか ・勤務の交代時には、業務の引継ぎをきちんと行ったか	S　A　B　C　D 5　4　3　2　1
協調性	・医師、看護職、事務員等との人間関係に気を配って勤務したか ・日ごろから職場の和を大切にしていたか	S　A　B　C　D 5　4　3　2　1

187

第 5 章　職種別の人事考課表

積極性	・職務に積極的・意欲的に取り組んだか ・他の看護職が忙しいときは、その看護職の仕事を手伝ったか ・仕事が忙しいことに不満を漏らすことはなかったか	S　A　B　C　D 10　8　6　4　2
責任性	・日ごろから看護職の責任感・使命感に対する自覚があったか ・指示された業務は、最後まで責任を持ってやり終えたか ・安易に他の看護師に手助けを求めることはなかったか	S　A　B　C　D 5　4　3　2　1
患者志向性	・患者の不安や心配に配慮して業務をしていたか ・患者に信頼され、頼りにされていたか ・日ごろから患者に寄り添った看護に努めていたか	S　A　B　C　D 5　4　3　2　1
2　職務遂行能力		
看護知識	・経験年数にふさわしい看護知識を習得しているか ・日ごろから看護知識の向上に努めているか	S　A　B　C　D 15　12　9　6　3
看護技術	・経験年数にふさわしい看護技術を習得しているか ・日ごろから看護技術の向上に取り組んでいるか	S　A　B　C　D 15　12　9　6　3

第5章　職種別の人事考課表

コミュニケーション能力	・病院長や医師の指示を正しく理解できるか ・患者の症状や看護の内容・結果を、口頭または文書で簡潔・正確に医師に報告できるか ・同僚の看護職との間で、情報の引継ぎを正確に行えるか	S　A　B　C　D 10　8　6　4　2
緊急時対応力	・患者の症状や容態・体調の変化を的確に把握できるか ・症状や容態の変化に応じた、的確な緊急措置を講じられるか ・患者の症状や容態・体調の変化の内容および緊急措置の内容を医師に正確に報告できるか ・緊急時の対応について、過去の事例をよく活かしているか	S　A　B　C　D 10　8　6　4　2
3　勤務成績		
看護の迅速さ	・看護を所定の手順・方法で、迅速に行えたか ・経験年数にふさわしい迅速さで看護を行ったか	S　A　B　C　D 10　8　6　4　2
看護の正確さ	・看護を所定の手順・方法に従って正確に行ったか ・通常の患者であれば、安心して看護を任せられたか ・ミスや不手際で、患者に迷惑を掛けることはなかったか	S　A　B　C　D 10　8　6　4　2
	合計点（100点満点）	点

第5章　職種別の人事考課表

一次考課者氏名	
一次考課者所見	

二次考課者氏名	
二次考課者所見	□一次考課は適切である □一次考課はおおむね適切である □次のように評価するのが妥当である （勤務態度○○点、職務遂行能力○○点、勤務成績○○点、合計○○点）

以上

第5章　職種別の人事考課表

（様式14）看護職の人事考課表（賞与用）

人事考課表（看護職・賞与用）

被 考 課 者	○○部○○課　（氏名）○○○○
考課対象期間	○○年○○月○○日～○○年○○月○○日

～考課対象期間中の勤務態度および勤務成績を次の5段階で公正に評価
　して下さい～

（評価区分）
S ＝きわめて優れていた
A ＝優れていた
B ＝普通
C ＝やや劣っていた
D ＝劣っていた

考課項目	着眼点	考課
1　勤務態度		
規律性	・就業規則、看護師勤務規則、その他の規則・規程を誠実に守ったか ・病院長、医師の指示命令を誠実に守ったか ・所定の始業時刻・終業時刻をきちんと守ったか ・勤務の交代時には、業務の引継ぎをきちんと行ったか	S A B C D 10 8 6 4 2
協調性	・医師、看護職、事務員等との人間関係に気を配って勤務したか ・日ごろから職場の和を大切にしていたか	S A B C D 10 8 6 4 2

191

第5章　職種別の人事考課表

積極性	・職務に積極的・意欲的に取り組んだか ・他の看護職が忙しいときは、その看護職の仕事を手伝ったか ・仕事が忙しいことに不満を漏らすことはなかったか	S　A　B　C　D 10　8　6　4　2
責任性	・日ごろから看護職の責任感・使命感に対する自覚があったか ・指示された業務は、最後まで責任を持ってやり終えたか ・安易に他の看護師に手助けを求めることはなかったか	S　A　B　C　D 10　8　6　4　2
患者志向性	・患者の不安や心配に配慮して業務を遂行していたか ・患者に信頼され、頼りにされていたか ・日ごろから患者に寄り添った看護に努めていたか	S　A　B　C　D 10　8　6　4　2
2　勤務成績		
看護の迅速さ	・看護を所定の手順・方法で、迅速に行えたか ・経験年数にふさわしい迅速さで看護を行ったか	S　A　B　C　D 25　20　15　10　5
看護の正確さ	・看護を所定の手順・方法に従って正確に行ったか ・通常の患者であれば、安心して看護を任せられたか ・ミスや不手際で、患者に迷惑を掛けることはなかったか	S　A　B　C　D 25　20　15　10　5
	合計点（100点満点）	点

第5章　職種別の人事考課表

一次考課者氏名	
一次考課者所見	

二次考課者氏名	
二次考課者所見	□一次考課は適切である □一次考課はおおむね適切である □次のように評価するのが妥当である （勤務態度○○点、勤務成績○○点、合計○○点）

以上

193

第5章　職種別の人事考課表

（様式15）介護職の人事考課表（昇給用）

人事考課表（介護職・昇給用）

被 考 課 者	○○部○○課　（氏名）○○○○
考課対象期間	○○年○○月○○日～○○年○○月○○日

〜考課対象期間中の勤務態度、職務遂行能力および勤務成績を次の5段
　階で公正に評価して下さい〜

（評価区分）
S＝きわめて優れていた
A＝優れていた
B＝普通
C＝やや劣っていた
D＝劣っていた

考課項目	着眼点	考課
1　勤務態度		
規律性	・施設の就業規則、職員勤務規則、その他の規則・規程を誠実に守ったか ・無断欠勤や遅刻・早退はなかったか ・施設の指示命令を誠実に守ったか ・勤務の交代時には、業務の引継ぎをきちんとしたか	S A B C D ├─┼─┼─┼─┤ 10 8 6 4 2

194

第5章　職種別の人事考課表

協調性	・他の職員との人間関係に気を配って勤務したか ・日ごろから職場の和を大切にしているか ・他の職員とよく協力・協調して、業務を行ったか	S　A　B　C　D 5　4　3　2　1
責任性	・日ごろから介護職の責任感・使命感に対する自覚があったか ・指示された業務は、最後まで責任を持ってやり終えたか。安易に他の職員に頼ることはなかったか	S　A　B　C　D 10　8　6　4　2
入所者志向性	・入所者の不安や心配に配慮して介護業務をしていたか ・入所者に信頼され、頼りにされていたか ・日ごろから入所者に寄り添った、やさしい介護に努めていたか ・入所者から何か希望や要望が出されたときは、親切に対応していたか	S　A　B　C　D 5　4　3　2　1
2　職務遂行能力		
介護知識・技術	・経験年数にふさわしい介護知識・介護技術を習得しているか ・日ごろから介護知識・介護技術の向上に努めているか	S　A　B　C　D 30　24　18　12　6

195

第5章　職種別の人事考課表

コミュニケーション能力	・施設長や医師の指示を正しく理解できるか ・入所者の様子や介護の内容・結果を、口頭または文書で簡潔・正確に施設長や医師に報告できるか ・同僚の介護職との間で、情報の引継ぎを正確に行えるか	S　A　B　C　D 10　8　6　4　2
緊急時対応力	・入所者の様子や体調の変化を的確に把握し、それに応じた的確な緊急措置を講じられるか ・入所者の様子や体調の変化の内容を施設長・医師に正確に報告したか ・緊急時の対応について、過去の事例をよく活かしているか	S　A　B　C　D 10　8　6　4　2
3　勤務成績		
介護の迅速さ	・介護を所定の手順・方法で、所定の標準時間内に行えたか ・経験年数にふさわしい迅速さで介護を行ったか	S　A　B　C　D 10　8　6　4　2

第5章　職種別の人事考課表

介護の正確さ	・入所者の要介護状態に応じた、親切な介護をしたか ・入所者の要介護状態に応じた介護を、所定の手順・方法に従って、正確に行ったか ・通常の入所者であれば、安心して介護を任せられたか ・ミスや不手際で、入所者に迷惑を掛けることはなかったか。介護の内容について、入所者またはその家族からクレームを受けることはなかったか	S A B C D 10 8 6 4 2
	合計点（100点満点）	点

一次考課者氏名	
一次考課者所見	

二次考課者氏名	
二次考課者所見	□一次考課は適切である □一次考課はおおむね適切である □次のように評価するのが妥当である 　（勤務態度○○点、職務遂行能力○○点、勤務成績○○点、合計○○点）

以上

第5章　職種別の人事考課表

（様式16）介護職の人事考課表（賞与用）

人事考課表（介護職・賞与用）

（〇〇年度夏季・年末賞与）

被 考 課 者	〇〇部〇〇課　（氏名）〇〇〇〇
考課対象期間	〇〇年〇〇月〇〇日〜〇〇年〇〇月〇〇日

〜考課対象期間中の勤務態度および勤務成績を次の5段階で公正に評価して下さい〜

（評価区分）

S＝きわめて優れていた

A＝優れていた

B＝普通

C＝やや劣っていた

D＝劣っていた

考課項目	着眼点	考課
1　勤務態度		
規律性	・施設の就業規則、職員勤務規則、その他の規則・規程を誠実に守ったか ・無断欠勤や遅刻・早退はなかったか ・施設の指示命令を誠実に守ったか ・勤務の交代時には、業務の引継ぎをきちんとしたか	S A B C D 10 8 6 4 2

198

第5章　職種別の人事考課表

協調性	・他の職員との人間関係に気を配って勤務したか ・日ごろから職場の和を大切にしているか ・他の職員とよく協力・協調して、業務を行ったか	S A B C D 10 8 6 4 2
責任性	・日ごろから介護職の責任感・使命感に対する自覚があったか ・指示された業務は、最後まで責任を持ってやり終えたか。安易に他の職員に頼ることはなかったか	S A B C D 15 12 9 6 3
入所者志向性	・入所者の不安や心配に配慮して介護業務をしていたか ・入所者に信頼され、頼りにされていたか ・日ごろから入所者に寄り添った、やさしい介護に努めていたか ・入所者から何か希望や要望が出されたときは、親切に対応していたか	S A B C D 15 12 9 6 3
2　勤務成績		
介護の迅速さ	・介護を所定の手順・方法で、所定の標準時間内に行えたか ・経験年数にふさわしい迅速さで介護を行ったか	S A B C D 25 20 15 10 5

199

第5章　職種別の人事考課表

介護の正確さ	・入所者の要介護状態に応じた、親切な介護をしたか ・入所者の要介護状態に応じた介護を、所定の手順・方法に従って、正確に行ったか ・通常の入所者であれば、安心して介護を任せられたか ・ミスや不手際で、入所者に迷惑を掛けることはなかったか。介護の内容について、入所者またはその家族からクレームを受けることはなかったか	S　A　B　C　D 25　20　15　10　5
	合計点（100点満点）	点

一次考課者氏名	
一次考課者所見	

二次考課者氏名	
二次考課者所見	□一次考課は適切である □一次考課はおおむね適切である □次のように評価するのが妥当である (勤務態度○○点、勤務成績○○点、合計○○点)

以上

第5章　職種別の人事考課表

（様式17）警備職の人事考課表（昇給用）

人事考課表（警備職・昇給用）

被 考 課 者	○○部○○課　（氏名）○○○○
考課対象期間	○○年○○月○○日〜○○年○○月○○日

〜考課対象期間中の勤務態度、職務遂行能力および勤務成績を次の5段
　階で公正に評価して下さい〜

（評価区分）
S＝きわめて優れていた
A＝優れていた
B＝普通
C＝やや劣っていた
D＝劣っていた

考課項目	着眼点	考課
1　勤務態度		
規律性	・就業規則、警備員勤務規則、その他の規則・規程を誠実に守ったか ・無断欠勤や遅刻・早退はなかったか。欠勤・遅刻をするときは、事前に会社に連絡したか ・警備日誌は正確に記載し、きちんと会社に提出したか ・会社の指示命令を誠実に守ったか	S A B C D 10 8 6 4 2

201

第5章　職種別の人事考課表

協調性	・他の警備員や社員との人間関係に気を配って勤務したか ・日ごろから職場の和を大切にしていたか	S A B C D 5 4 3 2 1
責任性	・日ごろから警備員としての責任感・使命感に対する自覚があったか ・指示された業務は、最後まで責任を持ってやり終えたか	S A B C D 10 8 6 4 2
服装・マナー	・所定の制帽、制服を着用して、勤務に当たったか ・来客者に対して、礼儀正しく接したか ・来客者への言葉遣いは、優しく、適切であったか	S A B C D 5 4 3 2 1
2　職務遂行能力		
警備知識・技術	・警備員に必要とされる知識・技術を習得しているか ・日ごろから警備知識・警備技術の向上に努めているか	S A B C D 15 12 9 6 3
報告・連絡・相談	・勤務が終了したときは、上司に対して勤務報告をしたか ・業務上必要とされる報告・連絡をきちんと行ったか	S A B C D 10 8 6 4 2

第5章　職種別の人事考課表

警備トラブル対応力	・警備上のトラブルに対して、入門の規制、手荷物の検査、上司への通報その他の適切な対応ができるか ・警備上のトラブルが生じたときは、緊急措置を講じたのち、直ちにトラブルの内容を上司に報告したか	S　A　B　C　D 10　8　6　4　2
気力・体力	・警備員としての業務を遂行するのに必要な気力と体力を備えているか ・警備に起因するストレスに耐えることができるか ・日ごろから体力づくりと健康管理に努めているか	S　A　B　C　D 15　12　9　6　3
3　勤務成績		
警備日数・警備回数	・年度の警備日数、警備回数の目標を完全に達成できたか ・夜間や休日の勤務も、当初の予定通り行ったか ・要員不足のときには、臨時に出勤してくれたか	S　A　B　C　D 10　8　6　4　2

203

第5章　職種別の人事考課表

警備の質	・会社の期待に応える、質の高い警備をしたか ・安心して警備業務を任せられたか ・ミスや不手際で、来訪者に迷惑を掛けることはなかったか ・警備の内容について、来訪者からクレームを受けることはなかったか	S　A　B　C　D ├─┼─┼─┼─┤ 10　8　6　4　2
	合計点（100点満点）	点

一次考課者氏名	
一次考課者所見	

二次考課者氏名	
二次考課者所見	□一次考課は適切である □一次考課はおおむね適切である □次のように評価するのが妥当である （勤務態度○○点、職務遂行能力○○点、勤務成績○○点、合計○○点）

以上

第5章　職種別の人事考課表

（様式18）警備職の人事考課表（賞与用）

人事考課表（警備職・賞与用）
（○○年度夏季・年末賞与）

被 考 課 者	○○部○○課　（氏名）○○○○
考課対象期間	○○年○○月○○日～○○年○○月○○日

～考課対象期間中の勤務態度および勤務成績を次の5段階で公正に評価
　して下さい～

（評価区分）
S＝きわめて優れていた
A＝優れていた
B＝普通
C＝やや劣っていた
D＝劣っていた

考課項目	着眼点	考課
1　勤務態度		
規律性	・就業規則、警備員勤務規則、その他の規則・規程を誠実に守ったか ・無断欠勤や遅刻・早退はなかったか。欠勤・遅刻をするときは、事前に会社に連絡したか ・警備日誌は正確に記載し、きちんと会社に提出したか ・会社の指示命令を誠実に守ったか	S A B C D ├─┼─┼─┼─┤ 10 8 6 4 2

205

第5章　職種別の人事考課表

協調性	・他の警備員や社員との人間関係に気を配って勤務したか ・日ごろから職場の和を大切にしていたか	S　A　B　C　D ├─┼─┼─┼─┤ 10　8　6　4　2
責任性	・日ごろから警備員としての責任感・使命感に対する自覚があったか ・指示された業務は、最後まで責任を持ってやり終えたか	S　A　B　C　D ├─┼─┼─┼─┤ 20　16　12　8　4
服装・マナー	・所定の制帽、制服を着用して、勤務に当たったか ・来客者に対して、礼儀正しく接したか ・来客者への言葉遣いは、優しく、適切であったか	S　A　B　C　D ├─┼─┼─┼─┤ 10　8　6　4　2
2　勤務成績		
警備日数・警備回数	・年度の警備日数、警備回数の目標を完全に達成できたか ・夜間や休日の勤務も、当初の予定通り行ったか ・要員不足のときには、臨時に出勤してくれたか	S　A　B　C　D ├─┼─┼─┼─┤ 25　20　15　10　5

206

第5章　職種別の人事考課表

警備の質	・会社の期待に応える、質の高い警備をしたか ・安心して警備業務を任せられたか ・ミスや不手際で、来訪者に迷惑を掛けることはなかったか ・警備の内容について、来訪者からクレームを受けることはなかったか	S A B C D 25 20 15 10 5
	合計点（100点満点）	点

一次考課者氏名	
一次考課者所見	

二次考課者氏名	
二次考課者所見	□一次考課は適切である □一次考課はおおむね適切である □次のように評価するのが妥当である （勤務態度○○点、勤務成績○○点、合計○○点）

以上

207

第5章　職種別の人事考課表

（様式19）接客サービス職（飲食業・ホテル・旅館・理容・美容院・その他）の人事考課表（昇給用）

<table>
<tr><td colspan="3" align="center">人事考課表（接客サービス職・昇給用）</td></tr>
<tr><td>被　考　課　者</td><td colspan="2">○○部○○課　（氏名）○○○○</td></tr>
<tr><td>考課対象期間</td><td colspan="2">○○年○○月○○日～○○年○○月○○日</td></tr>
</table>

～考課対象期間中の勤務態度、職務遂行能力および勤務成績を次の5段階で公正に評価して下さい～

（評価区分）
S＝きわめて優れていた
A＝優れていた
B＝普通
C＝やや劣っていた
D＝劣っていた

考課項目	着眼点	考課
1　勤務態度		
規律性	・就業規則その他の規則・規程、職場のルールを誠実に守って勤務したか ・無断欠勤や遅刻・早退はなかったか ・会社の指示命令を誠実に守ったか	S A B C D 5 4 3 2 1
協調性	・他のスタッフとの人間関係に気を配って勤務したか ・日ごろから職場の和を大切にしていたか ・自分勝手な行動はなかったか	S A B C D 5 4 3 2 1

208

責任性	・指示された業務は、最後まで 責任を持ってやり終えたか ・業務遂行について、強い責任 感があったか ・安易に他のスタッフに手助け を求めることはなかったか	S A B C D 10 8 6 4 2
服装・マナー	・所定の制服を着用して、勤務 に当たったか ・お客さまに対して、明るく礼 儀正しく接したか ・お客さまへの言葉遣いは、優 しく、ていねいであったか	S A B C D 5 4 3 2 1
お客さま志向性	・お客さまの気持ちに寄り添っ て、お客さまに接したか ・お客さまに喜ばれるサービス の提供に心がけたか	S A B C D 5 4 3 2 1
2　職務遂行能力		
業務知識・技術	・業務遂行に必要とされる知 識・技術を習得しているか ・日ごろから業務知識・技術の 向上に努めているか	S A B C D 20 16 12 8 4
報告・連絡・相談	・業務上必要とされる報告・連 絡をきちんと行ったか ・業務の処理に迷ったときは、独 断専行することなく、事前に上 司・リーダーに相談したか	S A B C D 10 8 6 4 2

第5章　職種別の人事考課表

お客さまクレーム対応力	・お客さまからのクレームに対して、その内容に応じて、適切に対応できるか ・お客さまからクレームを受けたときは、とりあえず謝罪したうえで、会社が定める基準に従って対応したか ・お客さまからクレームを受けたときは、その内容を上司・リーダーに正確に報告したか	S　A　B　C　D 10　8　6　4　2
ストレス耐性	・接客に伴うストレス（精神的緊張）によく耐えられるか ・ストレスのために、勤務に支障が出ることはなかったか	S　A　B　C　D 10　8　6　4　2
3　勤務成績		
サービスの迅速さ	・担当のサービス業務を、所定の処理基準に従って、迅速に処理できたか ・サービスの時間の遅れなどについて、お客さまからクレームを受けることはなかったか	S　A　B　C　D 10　8　6　4　2

第5章　職種別の人事考課表

サービスの質	・お客さまに満足いただける、質の高いサービスを提供できたか ・安心してサービスの業務を任せられたか ・ミスや不手際で、お客さまに迷惑を掛けることはなかったか ・サービスの内容について、お客さまからクレームを受けることはなかったか	S　A　B　C　D 10　8　6　4　2
	合計点（100点満点）	点

一次考課者氏名	
一次考課者所見	

二次考課者氏名	
二次考課者所見	□一次考課は適切である □一次考課はおおむね適切である □次のように評価するのが妥当である 　（勤務態度○○点、職務遂行能力○○点、勤務成績○○点、合計○○点）

以上

211

第5章　職種別の人事考課表

（様式20）接客サービス職（飲食業・ホテル・旅館・理容・美容院・その他）の人事考課表（賞与用）

人事考課表（接客サービス職・賞与用）
（○○年度夏季・年末賞与）

被　考　課　者	○○部○○課　（氏名）○○○○
考課対象期間	○○年○○月○○日〜○○年○○月○○日

〜考課対象期間中の勤務態度および勤務成績を次の5段階で公正に評価して下さい〜

（評価区分）
S＝きわめて優れていた
A＝優れていた
B＝普通
C＝やや劣っていた
D＝劣っていた

考課項目	着眼点	考課
1　勤務態度		
規律性	・就業規則その他の規則・規程、職場のルールを誠実に守って勤務したか ・無断欠勤や遅刻・早退はなかったか ・会社の指示命令を誠実に守ったか	S A B C D 10 8 6 4 2
協調性	・他のスタッフとの人間関係に気を配って勤務したか ・日ごろから職場の和を大切にしていたか	S A B C D 10 8 6 4 2

212

第 5 章　職種別の人事考課表

責任性	・指示された業務は、最後まで責任を持ってやり終えたか ・業務遂行について、強い責任感があったか ・安易に他のスタッフに手助けを求めることはなかったか	S　A　B　C　D 10　8　6　4　2
服装・マナー	・所定の制服を着用して、勤務に当たったか ・お客さまに対して、明るく礼儀正しく接したか ・お客さまへの言葉遣いは、優しく、ていねいであったか	S　A　B　C　D 10　8　6　4　2
お客さま志向性	・お客さまの気持ちに寄り添って、お客さまに接したか ・お客さまに喜ばれるサービスの提供に心がけたか	S　A　B　C　D 10　8　6　4　2
2　勤務成績		
サービスの迅速さ	・担当のサービス業務を、所定の基準に従って、迅速に処理できたか ・サービスの時間の遅れなどについて、お客さまからクレームを受けることはなかったか	S　A　B　C　D 25　20　15　10　5

213

第5章　職種別の人事考課表

サービスの質	・お客さまに満足いただける、質の高いサービスを提供できたか ・安心してサービス業務を任せられたか ・ミスや不手際で、お客さまに迷惑を掛けることはなかったか ・サービスの内容について、お客さまからクレームを受けることはなかったか	S　A　B　C　D ├─┼─┼─┼─┤ 25　20　15　10　5
	合計点（100点満点）	点

一次考課者氏名	
一次考課者所見	

二次考課者氏名	
二次考課者所見	□一次考課は適切である □一次考課はおおむね適切である □次のように評価するのが妥当である （勤務態度○○点、勤務成績○○点、合計○○点）

以上

第6章

昇給・賞与と人事考課

1　昇給と人事考課

（1）昇給の効果

　給与は、

　　・すべての社員に支払われる「基本給」

　　・一定の条件を満たす者に限って支払われる「諸手当」

とから構成される。

　このうちの基本給の金額を増額することを、一般に「昇給」という。

　昇給をするかしないかは、それぞれの会社の自由である。

　労働基準法は、「会社は、毎月1回以上、一定の期日を定めて給与を支払わなければならない」と定めている。しかし、昇給については、特に規定していない。したがって、昇給を行わないからといって、労働基準法に違反するわけではない。

　このように、昇給は会社の自由であるが、多くの会社が毎年4月に実施している。

　社員も、4月に昇給が行われることを期待している。もしも4月に昇給を行わないとしたら、社員の勤労意欲に好ましくない影響を与えることであろう。

　また、業績がそれほど悪くないにもかかわらず、4月に昇給を行わないとしたら、労使関係が悪化するであろう。

　なお、昇給の方式には、

　　・定率方式

　　・定額方式

　　・定率・定額併用方式

の3つがある（図表6-1）。

215

第6章　昇給・賞与と人事考課

図表6－1　昇給の方法

方法	例
定率方式	（例1） ・一律3％昇給 （例2） ・勤続年数に応じて、次のとおり昇給 　勤続3年未満　　2％ 　勤続3～7年　　3％ 　勤続8～15年　　4％ 　勤続16年以上　　2％
定額方式	（例1） ・全員一律4,000円昇給 （例2） ・年齢に応じて、次の金額を昇給 　25歳以下　　　4,000円 　26～35歳　　　6,000円 　36～45歳　　　7,000円 　46～55歳　　　5,000円
定率・定額併用方式	（例1） ・一律3％＋2,000円昇給 （例2） ・勤続年数に応じて、次のとおり昇給 　勤続3年未満　　　2％＋2,000円 　勤続3～7年　　　3％＋2,000円 　勤続8～15年　　　4％＋2,000円 　勤続16年以上　　　2％＋2,000円

（2）昇給と人事考課

　昇給には、
　　・人事考課の結果を反映させる
　　・人事考課は行わずに昇給額を決める

第6章　昇給・賞与と人事考課

の2つがある。

　いずれを採用するかは、もとよりそれぞれの会社の自由であるが、人件費管理と人事管理の適正化という観点から判断すると、公正な人事考課を行い、その結果を昇給に反映させるのが適切である。

　人事考課を行わずに昇給を決めると、給与に対する社員の考えが甘くなる。職務に対する取り組みに緊張感がなくなる。

　人事考課の結果を昇給に反映させる場合、その方法には、実務的に、

　・定率方式
　・定額方式
　・定率・定額併用方式
　・号俸方式

などがある（図表6−2）。

図表6−2　人事考課の反映方法

方式	例
定率方式	（例1） S評価（評価点90点以上）➡基本給の6％アップ A評価（評価点70〜89点）➡基本給の4％アップ B評価（評価点50〜69点）➡基本給の3％アップ C評価（評価点30〜49点）➡基本給の1％アップ D評価（評価点29点以下）➡基本給据え置き （例2） S評価（評価点が全社員中、上位10％以内の者） 　　➡基本給の6％アップ A評価（評価点が全社員中、上位11％〜30％の者） 　　➡基本給の4％アップ B評価（評価点が全社員中、上位31％〜60％の者） 　　➡基本給の3％アップ C評価（評価点が全社員中、上位61％〜90％の者） 　　➡基本給の1％アップ D評価（評価点が全社員中、上位91％以下の者） 　　➡基本給据え置き

第6章　昇給・賞与と人事考課

定額方式	（例１） S評価（評価点90点以上）➡基本給の7,000円アップ A評価（評価点70〜89点）➡基本給の5,000円アップ B評価（評価点50〜69点）➡基本給の3,000円アップ C評価（評価点30〜49点）➡基本給の1,000円アップ D評価（評価点29点以下）➡基本給据え置き （例２） S評価（評価点が全社員中、上位10％以内の者） 　　　➡基本給の7,000円アップ A評価（評価点が全社員中、上位11％〜30％の者） 　　　➡基本給の5,000円アップ B評価（評価点が全社員中、上位31％〜60％の者） 　　　➡基本給の3,000円アップ C評価（評価点が全社員中、上位61％〜90％の者） 　　　➡基本給の1,000円アップ D評価（評価点が全社員中、上位91％以下の者） 　　　➡基本給据え置き
定率・定額併用方式	S評価（評価点90点以上） 　　　➡基本給の６％＋3,000円アップ A評価（評価点70〜89点） 　　　➡基本給の４％＋2,000円アップ B評価（評価点50〜69点） 　　　➡基本給の３％＋1,000円アップ C評価（評価点30〜49点） 　　　➡基本給の１％＋500円アップ D評価（評価点29点以下）➡基本給据え置き
号俸方式	S評価（評価点90点以上）➡基本給の６号俸アップ A評価（評価点70〜89点）➡基本給の４号俸アップ B評価（評価点50〜69点）➡基本給の３号俸アップ C評価（評価点30〜49点）➡基本給の１号俸アップ D評価（評価点29点以下）➡基本給据え置き

第6章　昇給・賞与と人事考課

（3）昇給総額が予算を超過した場合
①　昇給予算の作成

　経営経費の中で人件費の占める比率は相当大きい。業種によっては、経費の大半が人件費であるという会社もある。このため、経営にとって、人件費の管理はきわめて重要である。

　このような事情から、昇給について、予算制度を採用している会社が少なくない。すなわち、毎年度、昇給予算を作成し、社長または役員会の承認を得る。昇給予算は、

　　・業績の見込み
　　・社員数（期中平均人員）
　　・前年度の実績

などを総合的に勘案して算定する。

第6章　昇給・賞与と人事考課

様式1　昇給予算の承認願い

○○年○○月○○日

取締役社長○○○○殿

人事部長○○○○印

○○年度の昇給予算について（承認願い）

○○年度の昇給額予算を下記のとおりとしたいので、承認願います。

	昇給予定額	前年度実績	前年度比	備考
一般社員				
役職者				
計				

以上

（参考）

	給与総額（昇給前・月額）	前年度比	昇給額	前年度比	給与総額（昇給後・月額）	前年度比
○○年度						
○○年度						
○○年度						

②　昇給額が昇給予算を超過した場合の対応

　予算制度の場合、人事考課の好成績者が予想を上回ると、昇給額が増大するから、結果的に昇給総額が予算額を超過する。例えば、昇給総額を月額200万円と見込んでいたのに、240万円に増大してしまう。

　昇給総額が予算を超過した場合、予算を増額することによって対応できれば、それに越したことはない。しかし、経営環境によっては、昇給予算の増額が困難である場合もある。

220

また、予算を安易に増額するようでは、そもそも予算制度を実施する経営的意味は少ない。

　このように、支給予定額が予算を超過するときは、昇給額を抑制するのもやむを得ない（図表6－3）。

図表6－3　昇給予定額の抑制方法

	例
定率方式の場合	S評価（評価点90点以上）・基本給の6％アップ 　➡5％アップ A評価（評価点70～89点）・基本給の4％アップ 　➡3％アップ B評価（評価点50～69点）・基本給の3％アップ 　➡2.5％アップ C評価（評価点30～49点）・基本給の1％アップ 　➡0.5％アップ D評価（評価点29点以下）・基本給据え置き 　➡据え置き
定額方式の場合	S評価（評価点90点以上）・基本給の7,000円アップ 　➡6,000円アップ A評価（評価点70～89点）・基本給の5,000円アップ 　➡4,000円アップ B評価（評価点50～69点）・基本給の3,000円アップ 　➡2,500円アップ C評価（評価点30～49点）・基本給の1,000円アップ 　➡500円アップ D評価（評価点29点以下）・基本給据え置き 　➡据え置き

第6章　昇給・賞与と人事考課

2　賞与と人事考課

（1）賞与の支給と人事考課

①　賞与の支給

　多くの会社が、夏季と年末に賞与（一時金）を支給している。

　社員も、賞与の支給を前提として、「賞与が出たら、あれを買おう」「賞与は○○の購入に充てよう」という生活設計を立てている。

　賞与は、労働基準法で支払いが義務付けられている「賃金」ではない。支給するかしないかは、それぞれの会社の自由である。しかし、業績がそれほど悪くはないにもかかわらず賞与を支給しないとしたら、社員の勤労意欲は著しく低下する。

　また、社員の求人広告で「賞与制度はありません」と記載したら、応募者はほとんど期待できないであろう。

　賞与の支給については、

　・人事考課を行わずに支給額を決める

　・人事考課を行って支給額を決める

の2つがある。

②　賞与と人事考課

　賞与は、本来的に、「業績の還元」「成果の配分」という性格を持つものである。業績・成果に対する貢献度は、社員によって相当異なる。経営者の立場からすると、すべての社員がその能力を十分に発揮して業務目標を達成し、自己の責任を果たすことが理想である。

　しかし、現実は、そうではない。仕事に積極的・意欲的に取り組み、目標を達成した者がいる一方で、仕事の量あるいは質の面で問題のあった者も出る。

　このような状況にもかかわらず、賞与の支給月数を全社員同一としたら、よく頑張った社員は、勤労意欲を低下させるであろう。また、自己の責任を果たすことのできなかった社員は、「責任を果たせなくても、人並みの賞与を支給されるので、敢えて頑張る必要はない」と考えるであろう。

　給与管理・人事管理の適正化という観点から判断すると、社員一人ひとりについて、

　・日常の勤務態度

　・仕事の成績（量はどうであったか、質はどうであったか）

第6章　昇給・賞与と人事考課

を公正に評価し、その結果を支給額に反映させるのが適切である。

　人事考課を行うことなしに、全員一律に同じ月数を支給するのは、一見すると公平ではあるが、人事管理の面からみると大いに問題である。

（2）支給額の算定式

　人事考課の結果を各人の賞与支給額に反映する場合、支給額の算定式には、実務的に次の2つがある。

　○支給額＝基本給×標準支給月数×人事考課係数

　○支給額＝基本給×標準支給月数＋人事考課分

　「基本給」は、各人の基本給である。

　「標準支給月数」は、全社員に適用される月数で、会社の業績の現状および見通しなどをもとに、「2ヶ月」「2.5ヶ月」あるいは「3ヶ月」というように決められる。

　「人事考課係数」の決め方には、

　　・全社員共通に決める

　　・一般社員と役職者とに区分して決める

　　・一般職と総合職とに区分して決める（コース別制度の場合）

などがある（図表6－4）。

　「人事考課分」の決め方にも、

　　・全社員共通に決める

　　・一般社員と役職者とに区分して決める

　　・一般職と総合職とに区分して決める（コース別制度の場合）

などがある（図表6－5）。

223

第6章　昇給・賞与と人事考課

図表6－4　人事考課係数の決め方

方式	例
全社員共通	（例1） S評価（評価点90点以上）➡1.25 A評価（評価点70〜89点）➡1.15 B評価（評価点50〜69点）➡1.1 C評価（評価点30〜49点）➡1.0 D評価（評価点29点以下）➡0.95 （例2） S評価（評価点が全社員中、上位10％以内の者） 　　➡1.25 A評価（評価点が全社員中、上位11％〜30％の者） 　　➡1.15 B評価（評価点が全社員中、上位31％〜60％の者） 　　➡1.1 C評価（評価点が全社員中、上位61％〜90％の者） 　　➡1.0 D評価（評価点が全社員中、上位91％以下の者） 　　➡0.95
一般社員・役職者別	○一般社員 S評価（評価点90点以上）➡1.25 A評価（評価点70〜89点）➡1.1 B評価（評価点50〜69点）➡1.05 C評価（評価点30〜49点）➡1.0 D評価（評価点29点以下）➡0.95 ○役職者 S評価（評価点90点以上）➡1.3 A評価（評価点70〜89点）➡1.1 B評価（評価点50〜69点）➡1 C評価（評価点30〜49点）➡0.95 D評価（評価点29点以下）➡0.9

224

第6章　昇給・賞与と人事考課

図表6－5　人事考課分の決め方

方式	例
全社員共通	（例1） S評価（評価点90点以上）➡基本給の0.5ヶ月分加算 A評価（評価点70〜89点）➡基本給の0.3ヶ月分加算 B評価（評価点50〜69点）➡基本給の0.1ヶ月分加算 C評価（評価点30〜49点）➡基本給の0.05ヶ月分加算 D評価（評価点29点以下）➡加算なし （例2） S評価（評価点が全社員中、上位10%以内の者） 　　➡基本給の1.25ヶ月分加算 A評価（評価点が全社員中、上位11%〜30%の者） 　　➡基本給の1.15ヶ月分加算 B評価（評価点が全社員中、上位31%〜60%の者） 　　➡基本給の1.1ヶ月分加算 C評価（評価点が全社員中、上位61%〜90%の者） 　　➡基本給の1.0ヶ月分加算 D評価（評価点が全社員中、上位91%以下の者） 　　➡加算なし
一般社員・役職者別	○一般社員 S評価（評価点90点以上）➡基本給の0.5ヶ月分加算 A評価（評価点70〜89点）➡基本給の0.3ヶ月分加算 B評価（評価点50〜69点）➡基本給の0.1ヶ月分加算 C評価（評価点30〜49点）➡基本給の0.05ヶ月分加算 D評価（評価点29点以下）➡加算なし ○役職者 S評価（評価点90点以上）➡基本給の0.5ヶ月分加算 A評価（評価点70〜89点）➡基本給の0.3ヶ月分加算 B評価（評価点50〜69点）➡基本給の0.1ヶ月分加算 C評価（評価点30〜49点）➡基本給の0.2ヶ月分減額 D評価（評価点29点以下）➡基本給の0.5分減額

225

一般職・総合職別	（一般職） S評価（評価点90点以上）➡基本給の0.5ヶ月分加算 A評価（評価点70〜89点）➡基本給の0.3ヶ月分加算 B評価（評価点50〜69点）➡基本給の0.1ヶ月分加算 C評価（評価点30〜49点）➡基本給の0.05ヶ月分加算 D評価（評価点29点以下）➡加算なし （総合職） S評価（評価点90点以上）➡基本給の0.5ヶ月分加算 A評価（評価点70〜89点）➡基本給の0.3ヶ月分加算 B評価（評価点50〜69点）➡基本給の0.05ヶ月分加算 C評価（評価点30〜49点）➡加算なし D評価（評価点29点以下） 　　　➡基本給の0.3ヶ月以内で減額

（3）賞与総額が予算を超過した場合

① 賞与の予算制度

　賞与は、人件費の中で相当の比率を占める。このため、支給総額を慎重に決める必要がある。賞与は現金で支給しなければならないから、安易に支給総額を決めると、資金繰りが苦しくなり、経営の基盤が揺らぐことになる。

　賞与費の管理を適正に行い、経営の健全性・安定性を確保するため、賞与費について予算制度を実施している会社が少なくない。すなわち、人事部長は、毎年度、

- ・経営計画
- ・業績の現状と見通し
- ・支給対象者数
- ・労働組合または社員会の要求
- ・前年度の支給実績

などを総合的に勘案して、支給総額（支給予算）を作成し、社長または役員会の承認を求める。

　なお、最近は、業績指標（売上、営業利益、経常利益、粗利益、その他）と連動させて賞与の支給総額を決める会社が増えているといわれる。例えば、

- ・営業利益×○％

・経常利益×○○％

という具合である。

　この業績連動制の場合、業績指標の数値が確定すると、賞与の支給総額が自動的に算定される。この業績連動制については、「賞与制度を成果主義型に改められる」「賞与費の変動費化を図れる」などのメリットがある。しかし、業績が良好でないときは、賞与の支給がなくなるので、社員に不安を与える可能性がある。

様式２　賞与費予算の承認願い

　　　　　　　　　　　　　　　　　　　　　　　○○年○○月○○日

取締役社長○○○○殿

　　　　　　　　　　　　　　　　　　　　人事部長○○○○印

　　　　　○○年度の賞与費予算について（承認願い）

	支給予算	前年度実績	前年度比	備考
夏季賞与				
年末賞与				
計				

　　　　　　　　　　　　　　　　　　　　　　　　　　　　以上

（参考）過去３年の支給総額

	夏季賞与	前年度比	年末賞与	前年度比
○○年度				
○○年度				
○○年度				

第6章　昇給・賞与と人事考課

図表6－6　業績連動型賞与制度メリットと問題点

メリット	問題点
○賞与の支給を成果主義型のものとし、社員のインセンティブの向上を図れる ○社員の経営参加意識を高められる ○賞与支給原資の変動費化を図れる。支給総額の硬直化・固定化を防止できる ○支給原資の合理的決定により、経営基盤を強化できる ○賞与支給についての労使交渉の手間を省ける	●業績によって支給額が左右されるので、社員に不安を与える ●業績指標の数値が確定すると、支給総額が自動的に決まるため、経営の裁量権が制約される

② 　賞与の支給総額が賞与予算を超過した場合の対応

　会社の立場からすると、賞与の支給総額が予算の枠内に収まることが望ましい。例えば、夏季賞与の支給総額を1億円と見込んだときは、1億円の枠内で収まることが理想である。

　しかし、人事考課で好成績を得た者が当初の予想を超えると、支給総額が増大し、結果的に予算を超過することになる。

　この場合は、本来的には、予算を修正して対応するべきであろう。例えば、人事考課でS評価、A評価を得た者が当初の見込みを上回り、支給総額が500万円上回ることが見込まれるときは、予算を500万円増額する措置を講じるべきであろう。

　しかし、経営環境が厳しいときは、予算の増額修正が難しい。また、予算を安易に修正したのでは、そもそも予算制度を実施する意味はない。

　このような場合には、

　　・人事考課係数を引き下げる

　　・人事考課の加算分を減額する

などの措置を講じるのも、やむを得ないであろう。

228

第6章　昇給・賞与と人事考課

図表6－7　賞与の支給額の抑制措置

人事考課係数を引き下げる	S評価（評価点90点以上）・1.25　➡1.2 A評価（評価点70～89点）・1.15　➡1.1 B評価（評価点50～69点）・1.1　➡1.05 C評価（評価点30～49点）・1.0　➡変更せず D評価（評価点29点以下）・0.95　➡変更せず
人事考課加算額を減額する	S評価（評価点90点以上）・基本給の0.5ヶ月分 　　　加算➡0.4ヶ月分加算 A評価（評価点70～89点）・基本給の0.3ヶ月分 　　　加算➡0.2ヶ月分加算 B評価（評価点50～69点）・基本給の0.1ヶ月分 　　　加算➡0.05ヶ月分加算 C評価（評価点30～49点）・基本給の0.2ヶ月分 　　　減額➡変更せず D評価（評価点29点以下）・基本給の0.5分減額 　　　➡変更せず

3　人事考課の分布制限

（1）分布制限の趣旨

　会社は、経営の安定性・健全性を確保するために、昇給および賞与について、予算制度を実施している。すなわち、あらかじめ売上や利益の見通しをもとに、年度の昇給および賞与の支出予定額（総額）を計上している。

　昇給・賞与の予算は、人事部において算定され、社長に提出され、役員会で正式に決定される。役員会で正式決定された予算は、人事部に提示される。

　人事部としては、昇給および賞与の支出予定額を当初の予算の枠内に収めなければならない。安易に予算を超えて昇給を実施したり、あるいは賞与を支給したりすると、経営の安定性・健全性が失われる。

　「昇給額を予算の枠内に収める」「賞与の支給総額を予算の範囲内に収める」という観点からからすると、人事考課について、分布制限制度を実施するのが便利である。

　すなわち、総合評価方式の場合は、人事考課に当たって、役職者に対して

229

第6章　昇給・賞与と人事考課

次のように通知する。

　部下の人事考課については、予算の関係上、次の分布を遵守すること。
この分布に拠りがたい場合は、あらかじめその理由を人事部長に申し出
て、その承認を得ること。
　S評価＝10%　　A評価＝20%　　B評価＝40%　　C評価＝20%　　D評価＝10%

　また、人事考課について得点方式を採用している会社の場合には、次のよ
うに通知する（平均点を指示する方式もある）。

　部下の人事考課については、予算の関係上、次の分布を遵守すること。
この分布に拠りがたい場合は、あらかじめその理由を人事部長に申し出
て、その承認を得ること。
　91〜100点の者＝10%　　71〜90点の者＝20%　　31〜70点の者＝40%
　11〜30点の者＝20%　　0〜10点の者＝10%

（2）分布制限の問題点
① 分布制限の問題点

　このような分布制限制度を実施すれば、昇給・賞与の支給額を、確実に予
算の範囲内に収めることが可能である。

　しかし、分布制限は、考課者の考課判断をゆがめることになる。高く考課
すべき部下を低く考課することを強いる。その結果、人事考課制度に対する
信頼感を低下させることになる。

　被考課者にとっても、一生懸命に頑張っているにもかかわらず、低く考課
されるのはきわめて心外である。到底、納得できるものではない。勤労意欲
を低下させる。

　さらに、女性や単身者が、成績が良いにもかかわらず、「家計責任が比較
的軽いから」という理由で、分布制限のしわ寄せを受ける可能性もある。

② 「強制」から「目安」へ

　人事部としては、現場の役職者（考課者）の判断を尊重すべきである。

230

第6章　昇給・賞与と人事考課

　このため、役職者に対して分布制限の厳守を要請するのは避け、「目安程度」に留めるのが望ましい。

　この場合は、次のように通知する。

　昇給（または賞与）については、予算の枠があります。このため、部下の人事考課については、次の分布を一応の目安とするよう、お願いします。なお、この数値は、あくまでも目安であり、強制するものではありません。
　　S評価＝10％程度　　A評価＝20％程度　　B評価＝40％程度
　　C評価＝20％程度　　D評価＝10％程度

　なお、分布を「目安」に留めた場合において、昇給予定額（総額）が予算を上回ったときは、やむを得ず、昇給予定額を当初よりも抑制する措置を講じる。

　また、好成績者が多く出たために、賞与の算定総額が予算を上回ったときは、やむを得ず、1人当たりの支給額を当初よりも下げる措置を講じる。

第**7**章

人事考課者の心得

1　人事考課者の陥りやすい誤りと心得

（1）人事考課者の陥りやすい誤り

　一般に、考課者は、次のような誤りに陥る危険性があるといわれる。そうしたことのないように注意しなければならない。

①　感情移入

　誰もが他人に対して、好き嫌いがある。「好きになれるタイプの他人」と「好きになれないタイプの他人」とがいるものだ。

　部下についても、同じことがいえる。気の合う部下と、あまり気の合わない部下とがいる。話しやすい部下、気軽に声をかけやすい部下がいる一方で、話しにくい部下、声をかけにくい部下がある。

　気の合う部下の評価・査定は、どうしても甘くなる。少しぐらいの問題や欠点には、目を閉ざして黙認してしまう。しかし、あまり気の合わない部下に対しては、少しの問題やミスであっても見逃すことなく、厳しく評価してしまう。

　個人的な好き嫌いに左右されることを「感情移入」という。

②　思い込み支配

　役職者の多くは、部下一人ひとりについて、「あの人は、少し軽率なところがある」「彼は、石橋を叩いて渡る慎重派だ」「彼女は、愛嬌に富んでいて、好感が持てる」「あの部下は役職者の俺に反抗的なところがある」……など、一定の先入観や思い込みを持っている。

　先入観や思い込みは、仕事を通じての接触やコミュニケーション、指示命令に対する部下の反応、部下の日常の態度や言動などによって形成される。

　人事考課は、部下の勤務態度や勤務成績などを、考課対象期間中の実際の言動を通して評価するものである。考課対象期間外の言動や、業務に関係のない私的・個人的な行動・発言は、考課の対象とすべきではない。

　しかし、先入観や思い込みに左右されて、考課を行いがちである。例えば、

第7章　人事考課者の心得

「あの部下は、少し軽率なところがある」という先入観を持っている部下については、「少し軽率である」という視点から、勤務態度、職務遂行能力および勤務成績を評価・査定しがちである。

③　寛大化傾向

役職者は、部下を指揮命令して部門の業務目標を達成するという責任を負っている。その責任を果たすためには、部下との人間関係が良好でなければならない。部下に反感を持たれていたのでは、部門の業務目標の達成は期待できない。

「部下に嫌われたくない」「部下と敢えて対立したくない」という思いが役職者の根底に存在するため、人事考課はどうしても寛大になりがちである。例えば、勤務態度について、本来であれば、「やや問題である」と評価すべきであるのに、「普通。標準的」と評価してしまう。

④　中心化傾向

人事考課の方法には、実務的・技術的にいくつかのものが考えられるが、「考課がしやすい」という理由から、5段階あるいは7段階による評語選択法式が採用されるケースが多い。

この5段階あるいは7段階評価において、考課者が中心の部分（標準評価）を選択する傾向を「中心化傾向」という。

例えば、5段階方式の場合は、次の5つの選択肢が用意される。
・きわめて優れていた➡S評価
・優れていた➡A評価
・普通➡B評価
・やや劣っていた➡C評価
・劣っていた➡D評価

この場合、考課者は、S・A・B・C・Dのいずれかを慎重に選択すべきであるが、「標準点を付ければ無難であろう」と考え、「B評価」を付ける。

⑤　ハロー効果

「印象」や「特徴」は、人の評価に大きな影響を与える。

例えば、礼儀正しく、落ち着きのある部下——。役職者の多くは、この部下について、「会社の規則・規程を守り、職場の同僚との協調性に優れている。

第7章　人事考課者の心得

仕事に積極的・意欲的に取り組み、責任感にも富んでいる」と評価する。

　一方、表情がどこか暗くて、言葉数の少ない部下──。役職者は、「表情の暗さ」「口数の少なさ」に惑わされ、「同僚との協調性に欠ける。仕事に対して消極的で、責任感・使命感にも乏しい」と評価してしまう。

　その人の特に優れている点に惑わされて、その人のすべてを好意的に評価すること、あるいは、その人の劣っている点に影響されて、その人のすべてを消極的・否定的に評価することを「ハロー効果」という。

⑥　対比効果

　自分がある点において特に優れていると、部下はすべてその面で劣っていると評価しがちである。

　例えば、仕事への姿勢がきわめて積極的・意欲的である役職者は、「自分は、これまで仕事に対して積極的・意欲的に取り組んできた。多少の困難や障害に直面しても、努力し、忍耐してこれを克服してきた」という強い自負心と自信を持っている。また、「積極的に立ち向かえば、どんな困難も乗り越えられる」という、経験に裏打ちされた強烈な信念を持っている。だから、部下の仕事への取組みを見ると、「根性に欠ける」「粘り強さが不足している」と評価しがちである。

　役職者が、自分の優れた態度や能力とは反対の方向において部下を評価することを「対比効果」という。対比効果もまた、考課者が陥りやすい誤りといえる。

第7章　人事考課者の心得

図表7－1　考課者が陥りやすい誤り

	説明
感情移入	自分の好きなタイプの部下（気の合う部下）は甘く評価し、好きでないタイプの部下（気の合わない部下）は厳しく評価すること
思い込み支配	部下の性格・行動特性・特徴的な態度などについての先入観や思い込みに左右されて考課を行うこと
寛大化傾向	「部下に嫌われたくない」「部下との人間関係を良く保ちたい」という思い（配慮）から、全体として部下を甘く評価すること
中心化傾向	5段階、あるいは7段階方式で考課を行う場合において、安易に標準評価（中間評価）を行うこと。考課に対する自信の欠如が中心化傾向を発生させる
ハロー効果	部下の特に優れている点に惑わされて、その部下のすべてを好意的に評価すること、あるいは、その部下の劣っている点に影響されて、その部下のすべてを消極的・否定的に評価すること
対比効果	役職者が、自分の優れた態度や能力とは反対の方向において部下を評価すること

（2）考課者の心得

　人事考課は、社員の昇給、昇進・昇格および賞与などに活用する目的で、制度として実施するものである。

　人事部門としては、人事考課が少しでも公正に行われるよう、最大の努力を払わなければならない。

　人事考課について、感情移入、寛大化傾向、中心化傾向、ハロー効果などの誤りが生じていることが確認されたとき、あるいはそのような誤りが発生する可能性のあるときは、

　　・考課者の心得を周知するための会議を開催する

　　・考課者の心得を記載したメールを配信する

・考課者の心得を取りまとめた文書を配布する
などの措置のうち、いずれかを講ずることが望ましい。
　考課者の心得を示すと、図表7－2のとおりである。

図表7－2　考課者の心得

1	人事考課を行う前に、人事考課表によく目を通す
2	人事考課の項目ごとに、着眼点を踏まえて公正に考課を行う。
3	被考課者に対する個人的な好き嫌いや感情にとらわれることなく、公正に考課を行うこと
4	考課項目ごとに、考課対象期間内における、客観的な事実と観察をもとに考課を行うこと。推測による考課は行わないこと
5	仕事と職場に関したことだけを評価の対象とすること。仕事と職場に関係のない、私的・個人的な言動は、評価の対象とはしないこと
6	心身にゆとりのあるときに、短期集中的に考課を行うこと
7	安易に全員を「普通」「標準的」と評価しないこと
8	考課項目、着眼点、評語または考課ウエイトを勝手に修正しないこと
9	公正な人事考課が役職者としての重要な使命と責任であることを自覚して考課に当たること
10	提出期限を遵守する

2　人事考課マニュアルの作成

（1）考課の公正さの重要性

　社員に対する人事考課は、人事部門が行うものではない。営業部門、販売部門、生産部門、研究部門などの各部門の役職者が、本来の仕事の合間を利用して行うものである。
　人事考課は、昇給、昇進・昇格、賞与等に活用する目的で行われるもので

第7章　人事考課者の心得

ある。社員の処遇に反映される。このため、考課者（役職者）の個人的な好き嫌いや感情や思い込みにとらわれることなく、公正に行われなければならない。

　考課の公正さが失われると、
　　・上司への信頼感が低下する。不信感が生まれる
　　・職場の人間関係が悪くなる
　　・社員の勤労意欲が低下する
　　・会社への不信感が増大する
などの問題が生じる。

　会社としては、人事考課が少しでも公正に行われるように努めることが望ましい。そのような観点からすると、人事考課の実施要領を取りまとめた文書（人事考課マニュアル）を作成し、これを人事考課に当たる役職者に配布し、「これをよく読んで人事考課を行うように」と指示するのがよい。

（2）人事考課マニュアルの記載事項

　人事考課マニュアルには、人事考課の目的、人事考課の対象者、人事考課の分野と項目などを盛り込む（図表7－3）。

図表7－3　人事考課マニュアルに盛り込むべき事項

①　人事考課の目的
②　人事考課の対象者
③　人事考課の分野と項目
④　人事考課の区分
⑤　人事考課の対象期間
⑥　人事考課の方法
⑦　人事考課の留意点

第7章　人事考課者の心得

3　人事考課マニュアルのモデル

人事考課マニュアル

このマニュアルは、人事考課の内容や考課者の心得を記載したものです。
このマニュアルに沿って、所属社員の人事考課を行って下さい。

1　人事考課の目的
人事考課は、
・昇給額の決定
・昇進・昇格者の決定
・賞与の支給額の算定
・配置・配置転換
・研修・能力開発
に活用する目的で行うものです。
給与管理・人事管理を適正に行っていく上において、人事考課はきわめて
重要です。

2　人事考課の対象者
人事考課の対象者は、正社員全員です。ただし、次の者は除きます。
①　人事考課実施日において、育児、介護、健康上の理由等で休職中の者
②　人事考課実施日において、関連会社に出向中の者
③　人事考課実施日において、勤続3ヶ月未満の者

3　人事考課の対象分野と項目
人事考課は、次の3つの分野について、行います。
・勤務態度に関する事項
・職務遂行能力に関する事項
・勤務成績に関する事項
各分野の考課項目は、次のとおりです。

239

第7章　人事考課者の心得

第1図　考課項目

（1）昇給・昇進・昇格等のための人事考課

	勤務態度考課	職務遂行能力考課	勤務成績考課
一般社員	・規律性 ・協調性 ・積極性 ・責任性	・知識・技術・技能 ・コミュニケーション能力 ・行動力 ・気力・体力	・仕事の量 ・仕事の質
役職者	・積極性 ・責任性 ・経営認識 ・コスト意識	・統率・管理力 ・行動力 ・決断力 ・問題解決力 ・指導育成力	・部門業務の目標達成度 ・部門業務の質

（2）賞与のための人事考課

	勤務態度考課	勤務成績考課
一般社員	・協調性 ・積極性 ・責任性 ・時間意識	・仕事の量 ・仕事の質
役職者	・積極性 ・責任性 ・経営認識 ・コスト意識	・部門業務の目標達成度 ・部門業務の質

4　人事考課のウエイト

　人事考課のウエイトは、活用目的に応じて次のとおりです。

第7章　人事考課者の心得

第2図　人事考課のウエイト

（1）昇給・昇進・昇格等

	態度考課	能力考課	成績考課	計
一般社員	30点	50点	20点	100点
役職者	20点	40点	40点	100点

（2）賞与のための人事考課

	態度考課	成績考課	計
一般社員	50点	50点	100点
役職者	20点	80点	100点

5　評価の区分

各考課項目について、次の5つの区分で評価する。

・S＝きわめて優れていた
・A＝優れていた
・B＝普通
・C＝やや劣っていた
・D＝劣っていた

6　考課の基準

人事考課には、

・他の社員を基準として評価する（相対評価）
・被考課者の能力、勤続年数等を基準として評価する（絶対評価）

の2つの方法があります。

　このうち、「被考課者の能力、勤続年数等を基準として評価する」という方法で評価を行って下さい。

　なお、勤続年数を評価の基準とするといっても、過去1年以内に他の部門から異動してきた者については、「異動後の期間が短く、まだ業務に習熟していない」という事情に配慮し、評価の基準を下げてください。

241

第 7 章　人事考課者の心得

7　人事考課の対象期間
　人事考課の対象期間は、次のとおりです。

第 3 図　人事考課の対象期間

昇給・昇進・昇格等の人事考課	前年 4 月 1 日～当年 3 月31日
夏季賞与の人事考課	前年11月21日～当年 5 月20日
年末賞与の人事考課	当年 5 月21日～11月20日

8　人事考課の方法
　所定の「人事考課表」によって行ってください。

9　人事考課者の心構え
　人事考課に当たっては、次のことに十分配慮して下さい。

①　人事考課項目・着眼点等の確認
　人事考課を行う前に、考課表によく目を通し、
　・考課項目
　・考課項目ごとの着眼点
　・評語
　・考課項目ごとの配点
などを確認してください。

②　着眼点を踏まえた考課
　所定の考課項目ごとに、考課に当たっての着眼点が記載してあります。
　考課は、全社統一の基準に従って行う必要があります。考課者によって考課項目の着眼点が異なると、考課の統一性は確保できなくなります。それでは、全社的に考課を行う意味はなくなります。
　考課項目ごとに、着眼点をしっかりと踏まえて、考課を行ってください。

③　個人的な感情の排除
　人事考課は、部下に対する個人的な好き嫌いや感情を表明するために行う

242

第7章　人事考課者の心得

ものではありません。

　社員一人ひとりについて、

　・日常の勤務態度

　・職務遂行能力

　・勤務成績

を評価し、昇給や賞与支給額の算定等に反映させる目的で行うものです。

　私情を交えず、公正に考課を行ってください。

④　客観的な事実と観察をもとに

　職場では、仕事の面でさまざまなことが起こります。仕事は順調に進むのが理想ですが、実際には、トラブル、アクシデント、エラー、ミス、クレーム……いろいろなことが発生します。

　また、役職者は、部下の仕事を監督するという立場にあるわけですから、部下のさまざまな態度、行動、発言に接します。役職者の目からすると、好ましいものもあれば、好ましくないものもあるでしょう。

　人事考課は、

・職場で実際に生じたこと（客観的な事実）

・職場で自ら観察したこと

をもとにして、行ってください。

⑤　仕事・職場に関係したことを評価

　人事考課の対象事項は、勤務態度、職務遂行能力および勤務成績です。すなわち、仕事と職場に直接関係のあることです。

　仕事と職場に関係のないこと、例えば、勤務時間外や休日の過ごし方、交友関係などは、仕事とは直接の関係がないため、評価の対象とはしないでください。

243

第7章　人事考課者の心得

第4図　考課の対象事項

考課の対象	考課すべきでない事項
○勤務態度 ○職務遂行能力 ○勤務成績	●勤務時間外や休日の過ごし方 ●社外での交友関係 ●金銭の使い方 ●子どものしつけ、教育に関すること ●親の世話、親の介護の状況 ●副業、アルバイト ●その他、仕事とは直接の関係のない事項

第5図　考課者の心得（その1）

心得①	人事考課を行う前に、人事考課表によく目を通すこと
心得②	人事考課の項目ごとに、着眼点を踏まえて公正に考課を行うこと
心得③	被考課者に対する個人的な好き嫌いや感情にとらわれることなく、公正に考課を行うこと
心得④	考課項目ごとに、考課対象期間内における、客観的な事実と観察をもとに考課を行うこと。推測による考課は行わないこと
心得⑤	仕事と職場に関したことだけを評価の対象とすること。仕事と職場に関係のない、私的・個人的な言動は、評価の対象とはしないこと

⑥　**心身のゆとりのあるときに、短期集中的に**

　仕事がきわめて忙しいときや、すぐに処理・処置・決済すべき仕事を抱えているときなどは、心にゆとりがないために、公正な人事考課は困難です。

　このようなときに考課を行うと、心にゆとりがないために、ささいなことを過大に評価したり、良く評価すべきことを見過ごしたりする危険性があります。また、日ごろの折り合いの良くない部下に対して厳しい評点を与える可能性もあります。

　心身にゆとりのあるときを選んで、静かな環境のもとで、短期集中的に評

244

第7章　人事考課者の心得

価を行うようにしてください。

　ある部下の考課を終えてから、しばらく時間を空けて別の部下の考課を行い、さらに相当の時間を空けて他の部下の考課を行うということは、避けてください。

第6図　望ましい考課環境と望ましくない考課環境

望ましい考課環境	望ましくない考課環境
○心にゆとりがある ○体の調子が良い ○周りが静か ○適度の照明・室温	●仕事がきわめて忙しいとき ●急いで処理すべき仕事があるとき ●取引先とのトラブル、消費者からのクレームを抱えているとき ●重要な会議・打ち合わせ・商談等を控えているとき ●重要な決断を迫られているとき ●体の調子が良好でないとき ●プライベートで大きな悩み事があるとき ●周囲が騒々しいとき

⑦　安易に全員を「標準」「普通」と評価しない

　考課は、各項目ともに、「きわめて優れていた」「優れていた」「普通」「やや劣っていた」および「劣っていた」という5つの評語の中から、いずれか1つを選択する方法で行うことになっています。

　考課対象期間における勤務態度、能力および成績を十分に勘案して、考課を行ってください。

　役職者の中には、「『普通』と評価しておけば無難だろう」と考えて、安易に「普通」を選択する人がいますが、そのような考課態度は大いに問題です。本来なら「優れている」と評価されるはずであった部下は、大いに失望するでしょう。また、本来ならば「やや劣っている」と評価されるはずであった部下は、不当な利益を得ることになります。

　安易に「普通」「標準」を選択することは、役職者としての責任を果たしていないことを意味します。

245

第7章　人事考課者の心得

公正な評価に努めてください。

⑧　考課項目・着眼点・評語・ウエイト等を修正しない

　人事考課は、一定の基準にしたがって、全社統一的に行われることに、その意義があります。人事考課の結果が給与管理・人事管理に活用されるためには、全社で統一的に行われることが何よりも必要なのです。

　全社統一的に行われるためには、

・考課項目
・着眼点（または、考課項目の定義）
・評価の方法
・考課項目ごとのウエイト
・考課対象期間

などが全社共通でなければなりません。

　部門によって考課項目が異なったり、考課者によって考課項目の着眼点やウエイトが異なったりしたのでは、問題です。

　考課者は、考課項目、項目ごとの着眼点、評価の方法、項目ごとのウエイト（配点）などを尊重して考課を行うことが必要です。

⑨　提出期限の遵守

　人事部は、各部門の役職者から人事考課表が提出されるのを待って、

・昇給額の算定
・賞与の支給額の算定
・昇進候補者の選定
・昇格予定者の選定

等の事務作業を開始します。

　各部門からの考課表の提出が遅れると、人事部による事務作業もそれだけ遅くなります。事務作業が遅くなると、「昇給の時期が遅くなる」「賞与の支給日が遅れる」などの事態に発展する可能性があります。

　昇給の遅れ、賞与支給日の遅延は、社員にとって迷惑なことです。社員の生活に大きな影響を与えます。

　所定の期日までに考課を終え、考課表を人事部に提出するよう、ご理解とご協力をお願いします。

第7章　人事考課者の心得

第7図　考課者の心得（その2）

心得⑥	心身にゆとりのあるときに、短期集中的に考課を行うこと
心得⑦	安易に全員を「普通」「標準的」と評価しないこと
心得⑧	考課項目、着眼点、評語および考課ウエイトを勝手に修正しないこと
心得⑨	提出期限を遵守すること

～最後に～

　人事考課は、役職者の責任です。人事考課をためらうことは、役職者として採るべき姿勢・態度ではありません。

　客観的で公正な人事考課によって、適正な処遇と人材の育成が図られ、職場の活力が増大することとなります。

　自信をもって公正な評価を行うことを期待します。

以上

第8章

人事考課の納得性向上策

1 人事考課の納得性を高める必要性

（1）人事考課への不満

　人事考課は、給与管理・人事管理の適正化を図るうえで必要不可欠の制度である。しかし、「人が人を評価する」という性格上、社員（被考課者）の間において、不満や疑問が多い。

　「自分の勤務態度や能力が正しく評価されていない」「自分の貢献度が過小評価されている」「人事考課の仕組みが不透明で、実態がよく分からない」「仕事の成果がどのように評価されているのか、不明瞭である」・・・不満や疑問は、多岐にわたる。

　社員の全員が人事考課制度の現状に満足し、不満や疑問をいっさい感じていないという会社は、存在しないであろう。

　人事考課の結果は、昇給・賞与をはじめ、昇進・昇格や配置・配置転換等に活用される。社員の処遇に大きな影響を与える。場合によっては、「昇給の額が同僚よりも20％、30％も少なくなる」「賞与の支給額が同僚よりも、30万円、40万円も少なくなる」「係長への昇進が1，2年遅れる」などの影響が出る。

　人事考課の不満を放置しておくと、上司（考課者）に対する不信感の増大、勤労意欲の低下など、さまざまな影響が出る（図表8－1）。

図表8－1　人事考課の不満による問題

①　上司に対する不信感が募る	②　上司の指示を無視したり、職場の規律を乱したりする
③　勤労意欲を低下させる	④　欠勤・遅刻・早退が増える
⑤　会社の人事管理に不満を持つ	⑥　職場の人間関係が悪くなる

249

第8章　人事考課の納得性向上策

（2）人事考課の納得性を高める方策

　不満をそのまま放置しておくのは、感心しない。

　不満を100％完全に解消する方策はない、といわれる。しかし、目標管理制度の整備・運用、自己評価制度の実施、部門間の考課結果の調整などは、不満を解消し、納得性を向上させるうえで、相当程度効果的であるといわれる。

　人事部としては、他社の事例を参考としつつ、できる限りの納得性向上措置を講じるべきである（図表8－2）。

図表8－2　人事考課の納得性向上策

	内容
目標管理制度	社員一人ひとりについて、半期または年間の業務目標を設定し、その達成に向けて挑戦させる制度
自己評価制度	社員自身に自己の勤務態度・能力および勤務成績を評価させる制度
一次考課と二次考課との合理的な調整	一次考課の結果と二次考課の結果との間に差異が生じたときに、調整を行う制度
部門間の考課結果の調整	人事部門において部門間の考課結果を調整し、平均化する制度
考課者心得の作成・周知	考課者の心得を取りまとめた文書を作成し、その内容の周知を図る
考課基準等の公開	社員に対して、人事考課の実施要領、考課項目、考課基準などを公開する
考課結果のフィードバック	考課の結果を被考課者に文書または面談で通知する制度
苦情処理制度	人事部内に考課結果の苦情を受け付ける窓口を設置する
考課者訓練の実施	役職者を対象として、考課能力向上のための研修を行う

部門・グループ業績 の賞与への反映	部門・グループの業績（売上・利益その他）を賞与 の支給額に反映させる
考課項目等の定期的 見直し	考課項目やウエイト等が業務の内容や職種構成等か ら見て適正であるかを、定期的に見直す
人事考課規程の作成 と周知	人事考課制度の仕組みを規程として取りまとめ、そ の内容を社員に周知する

2　目標管理制度の整備・運用

（1）目標管理制度の趣旨

①　勤務成績の評価

　人事考課は、一般に、勤務態度、職務遂行能力および勤務成績を対象とし
て行われるが、これらのうち、勤務成績を特に重視している会社が多い。

　会社は、仕事をするための組織体である。仕事を通して一定の業績を達成
しなければ、存続していくことはできない。したがて、人事考課において、
　・仕事の量は、どうであったか
　・会社が期待した量の仕事をしたか
　・仕事の量は、社内での地位や役割にふさわしいものであったか
　・仕事の質は、どうであったか
　・仕事の出来栄えは、会社の期待に応えるものであったか
　・仕事の質は、社内での地位および役割にふさわしいものであったか
を評価するのは、当然のことであろう。

②　目標管理制度とは

　目標管理制度は、
　①　社員一人ひとりについて、半期または年間の職務目標を設定させ、
　②　その目標達成に向けてチャレンジさせ、
　③　半期または年間が経過したら、目標の達成度とそのための努力を評価し、
　④　目標の達成度と努力の程度をその社員の処遇に反映させる
という制度である。

　目標管理制度は、社員一人ひとりについて、半期または1年間の業務目標

第8章　人事考課の納得性向上策

を明確に設定する制度である。この制度を適正に整備・運用することにより、
人事考課の納得性を向上させることができる。

図表8-3　目標管理制度の効果

目標管理制度の内容	目標管理制度の効果
社員一人ひとりについて、半期または年間の業務目標を設定し、その達成に向けてチャレンジさせる制度	・職場の業務目標を達成できる ・社員の仕事への取り組み姿勢が真剣になる ・職場の活性化が図られる ・人事考課制度の納得性が向上する ・上司と部下とのコミュニケーションが活性化する

（2）目標管理制度の内容

① 対象者の範囲

目標管理制度の対象者の範囲については、

・すべての社員を対象とする
・特定の職種（例えば、営業職、企画職、商品開発職、研究職）だけを対象とする
・総合職に限定する（コース別制度の場合）

などがある。

目標管理制度は、業務の効率化、生産性の向上、職場のコミュニケーションの活性化などの効果が期待できる制度である。このため、できる限り広い範囲の社員を対象として実施することが望ましい。

② 目標の設定期間

目標の設定期間を具体的に定める。一般的には、6ヶ月あるいは1年とするのが適切であろう。

③ 目標の設定基準

社員に対し、次の事項を十分に踏まえて業務目標を設定するよう指導する。

・所属部門の業務計画および業務運営方針

　　　　　　　　　　　　　　　　　　　第8章　人事考課の納得性向上策

　・職場における自己の地位、役割
　・職務経験年数
　・前年同期または前年の職務実績

④　目標設定面談の実施
　社員は、目標を設定したときは、所属長と面談し、目標の内容およびその
達成のための手段・方法等について話し合う。
　所属長は、部下に対し、目標達成のための手段・方法などについて、必要
に応じて具体的なアドバイスを与える。
　社員は、目標が所属長によって承認されたときは、その完全達成に向けて
積極的・計画的に取り組まなければならないものとする。
　また、社員は、目標達成の進捗状況を所属長に適宜適切に報告しなければ
ならないものとする。

⑤　達成評価面談の実施
　社員は、目標設定期間が経過したときは、所属長と次の事項について話し
合わなければならない。
　・目標の達成度
　・目標を達成できたときは、その要因（達成できなかったときは、その要
　　因）
　・次期の課題
　・その他必要事項

⑥　処遇への反映
　会社は、社員一人ひとりについて次の事項を公正に評価し、昇給、賞与お
よび昇進等の処遇に適切に反映させる。
　　・目標の達成度
　　・目標達成への取り組み姿勢

253

第8章　人事考課の納得性向上策

（様式1）目標管理シート

所属長殿

○○○○印

目標管理シート（○○年度上期・下期）

1　今期の業務目標

1　テーマ（何を）	2　達成基準（どこまで）	3　方法・手段（どのようにして）	備考
1			
2			
3			
4			

（注）①　業務目標は、所属部門の業務目標・業務計画を十分踏まえて、具体的に記載すること
　　　②　所属長に提出し、その承認を得ること

2　目標達成度の自己評価

1　テーマ	2　達成状況	3　達成・未達成の要因	備考
1			
2			
3			
4			

（注）①　目標期間終了後に記載すること
　　　②　所属長に提出し、面談を行うこと

3　面談月日

目標設定面談	達成評価面談
○○月○○日	○○月○○日

第8章　人事考課の納得性向上策

4　所属長所見

以上

3　自己評価制度の実施

（1）勤務態度・勤務成績の自負心

社員は、普段、

・自分の勤務態度（規律性、協調性、その他）がどうであるか
・会社が期待する能力を備えているか
・会社の期待に応えるだけの仕事をしているか
・勤続年数や社内での地位・役割にふさわしい仕事をしているか

を考えることはない。

それどころか、勤務態度については、「会社の規則・規程を良く守って仕事をしている」「上司・同僚との人間関係に十分配慮している」「責任感を持って職務に集中している」と意識している。

知識・技術・技能については、「職務遂行に必要な知識を持っている」「人並みの技術・技能をマスターしている」という自負がある。

また、勤務成績についていえば、

・社内での地位、役割にふさわしい量の仕事をして、会社に貢献している
・勤続年数にふさわしい量の仕事を残している
・与えられた仕事を迅速、かつ正確に処理している

と考えている。

このように、勤務態度や勤務成績などについて、一定の自負心を持っているため、人事考課の結果について会社の方から一方的に「普通」あるいは「やや劣る」という厳しい通知を受けると、「そんなはずはない」「人事考課は正しくない」と強く反発する。

（2）自己評価制度の趣旨

社員が人事考課に不満を持つ一つの理由は、普段、自分自身の勤務態度、職務遂行能力および勤務成績を冷静に顧みる機会が乏しいことにある。

255

第8章　人事考課の納得性向上策

　もしも、自分自身について、勤務態度、能力および勤務成績を顧みる機会があれば、人事考課に対する不満は相当程度解消するであろう。

　人事考課に対する納得性を高めるという観点からすると、社員自身に自分の考課を行う機会を設けるのがよい。

図表8－4　自己評価制度の効果

制度の内容	効果
社員自身に自己の勤務態度・能力および勤務成績を評価させる制度	○勤務態度改善の動機づけ ○能力開発・能力向上の動機づけ ○勤務成績向上の動機づけ ○人事考課に対する納得性の向上

（3）自己評価制度の内容

①　対象者の範囲

　自己評価の対象者の範囲については、

・一般社員および役職者全員とする

・一般社員のみとする

・一般社員のうち、特定の職種（例えば、営業社員、現業社員）に限る

などがある。

　人事考課制度との関係に配慮し、「人事考課制度の対象者全員」とするのが適切であろう。

②　実施時期

　自己評価の実施時期については、

・昇給と賞与支給時に実施する

・昇給時にのみ実施する

・賞与支給時にのみ実施する

が考えられる。

　人事考課を昇給時と賞与支給時に実施している会社の場合は、それに合わせて、昇給時と賞与支給時に、自己評価を行うのがよい。また、昇給時にのみ人事考課を実施している会社の場合は、昇給時にのみ自己評価を行うのがよい。

256

なお、自己評価の結果は、「人事考課の参考材料」に留め、昇給や賞与には結び付けないものとする。

③　自己評価表

自己評価表については、
・人事考課表をそのまま使用する
・自己評価表を特別に作成する
の2つがある。

自己評価の項目や着眼点を人事考課のそれと異なるものとするべき特別の理由はない。したがって、人事考課で使用しているものを「自己評価表」と名称変更して使用するのが便利である。

④　上司との面談

社員が自己評価を行ったのち、上司との間で面談を行う。

上司の考課結果と社員の自己評価との間に特別大きな差異がないときは、「自己評価は適切である」旨を知らせる。

社員の自己評価が「甘い」「寛大である」と判断されるときは、「勤務態度の自己評価が甘い」「職務遂行能力についての自己評価が甘い」あるいは「勤務成績の自己評価が甘い」旨を知らせ、認識を改めるよう忠告する。

これに対して、社員の自己評価が厳しすぎると判断されるときは、「自分の勤務態度、能力、または勤務成績について、もっと自信を持つべきだ」と激励する。

（4）自己評価表のモデル

自己評価表のモデルを示すと、次のとおりである。

（1）一般社員の自己評価表
　　　　昇給用➡様式2
　　　　賞与用➡様式3
（2）役職者の自己評価表
　　　　昇給用➡様式4
　　　　賞与用➡様式5

第8章　人事考課の納得性向上策

（様式２）一般社員の自己評価表（昇給用）

○○○○印

自己評価表（一般社員・昇給用）

評価対象期間	○○年○○月○○日～○○年○○月○○日

～評価対象期間中の勤務態度、能力および勤務成績を次の５段階で公正に評価して下さい～

（評価区分）
S＝きわめて優れていた
A＝優れていた
B＝普通
C＝やや劣っていた
D＝劣っていた

評価項目	着眼点	評価
1　勤務態度		
規律性	・就業規則などの規則・規程をよく守ったか ・仕事において、上司の指示命令をよく守ったか	S A B C D 5 4 3 2 1
協調性	・上司・同僚との人間関係に気を配って仕事をしたか ・職場の和を重視して仕事をしたか	S A B C D 5 4 3 2 1
積極性	・与えられた仕事に前向きの姿勢で取り組んだか ・仕事の進め方の改善、能力の向上に努めたか ・仕事の内容に不平不満をいうことはなかったか	S A B C D 10 8 6 4 2

責任性	・与えられた仕事を最後まできちんとやり終えたか ・仕事への責任感・使命感があったか	S A B C D ⊢—⊢—⊢—⊢—⊣ 10 8 6 4 2
		（小計）　　　点
2　能力		
知識・技術・技能	・担当する業務の遂行に必要な知識または技術・技能を習得しているか ・関連する業務について、一定の知識または技術・技能を習得しているか	S A B C D ⊢—⊢—⊢—⊢—⊣ 20 16 12 8 4
コミュニケーション能力	・上司の指示・命令、伝達事項を正しく理解できるか ・仕事の進み具合や結果を口頭または文書等で正確かつ簡潔に表現できるか ・自分の考えや意見をはっきりと伝えられるか	S A B C D ⊢—⊢—⊢—⊢—⊣ 10 8 6 4 2
行動力	・指示命令されたことをすぐに実行しているか ・指示命令されたことを完遂しようとする強い意思があるか ・仕事に対する粘り強さがあるか	S A B C D ⊢—⊢—⊢—⊢—⊣ 10 8 6 4 2

第8章　人事考課の納得性向上策

気力・体力	・多少の困難や支障に直面しても、それを克服して仕事を前へ進めていける気力（意欲）と体力を備えているか ・仕事に対して弱音を吐いたり、不満を漏らしたりすることはないか ・仕事が忙しくても、休まずに続けられるか	S　A　B　C　D 10　8　6　4　2
		（小計）　　　点
3　勤務成績		
仕事の量	・能力や経験年数にふさわしい量の仕事をしたか ・与えられた仕事を迅速に遂行したか	S　A　B　C　D 10　8　6　4　2
仕事の質	・与えられた仕事を所定の基準にしたがって正確に処理したか ・仕事において、ミスや不手際を起こすことはなかったか	S　A　B　C　D 10　8　6　4　2
		（小計）　　　点
	合計点（100点満点）	点

〈自己評価を終えての感想〉

以上

260

第8章　人事考課の納得性向上策

（様式３）一般社員の自己評価表（賞与用）

○○○○印

自己評価表（一般社員）
（○○年度夏季・年末賞与）

評価対象期間	○○年○○月○○日～○○年○○月○○日

～評価対象期間中の勤務態度および勤務成績を次の５段階で公正に評価して下さい～

（評価区分）
S＝きわめて優れていた
A＝優れていた
B＝普通
C＝やや劣っていた
D＝劣っていた

評価項目	着眼点	評価
1　勤務態度		
協調性	・上司・同僚との人間関係に気を配って仕事をしたか ・職場の和を重視して仕事をしたか	S　A　B　C　D 10　8　6　4　2
積極性	・与えられた仕事に前向きの姿勢で取り組んだか ・仕事の進め方の改善、能力の向上に努めたか ・仕事の内容に不平不満をいうことはなかったか	S　A　B　C　D 15　12　9　6　3
責任性	・与えられた仕事を最後まできちんとやり終えたか ・仕事への責任感・使命感があったか	S　A　B　C　D 15　12　9　6　3

261

第8章　人事考課の納得性向上策

時間意識・時間活用	・勤務時間の有効活用の重要性を意識していたか ・勤務時間を上手に使って仕事をしたか ・勤務時間中は、職務に集中していたか。雑談、私語、私用の電話などで、時間をムダに過ごしたことはなかったか	S　A　B　C　D ⊢─┼─┼─┼─┤ 10　8　6　4　2
		（小計）　　点
2　勤務成績		
仕事の量	・能力や経験年数にふさわしい量の仕事をしたか ・与えられた仕事を迅速に遂行したか	S　A　B　C　D ⊢─┼─┼─┼─┤ 25　20　15　10　5
仕事の質	・与えられた仕事を正確に処理したか ・仕事において、ミスや不手際を起こすことはなかったか	S　A　B　C　D ⊢─┼─┼─┼─┤ 25　20　15　10　5
		（小計）　　点
	合計点（100点満点）	点

〈自己評価を終えての感想〉

以上

262

（様式４）役職者の自己評価表（昇給用）

○○○○印

自己評価表（役職者・昇給用）

評価対象期間	○○年○○月○○日～○○年○○月○○日

～評価対象期間中の勤務態度、能力および勤務成績を次の５段階で公正に評価して下さい～

（評価区分）
S＝きわめて優れていた
A＝優れていた
B＝普通
C＝やや劣っていた
D＝劣っていた

評価項目	着眼点	評価
1　勤務態度		
積極性	・担当部門の業務目標達成のために部下の先頭に立って仕事をしたか。取り組んだか ・担当部門の仕事の改善、生産性の向上に取り組んだか	S A B C D 5 4 3 2 1
責任性	・役職者としての役割と責任を意識して行動したか ・仕事への責任感・使命感があったか	S A B C D 5 4 3 2 1
経営認識	・会社の経営方針・経営理念を正しく理解して行動したか ・担当部門の利害得失にこだわることなく、広い立場、高い視点に立って、ものごとを判断したか	S A B C D 5 4 3 2 1

第8章　人事考課の納得性向上策

コスト意識	・常にコスト意識を持って仕事に取り組んだか ・日頃からコストの削減とムダの排除に努めたか	S　A　B　C　D 5　4　3　2　1
		（小計）　　点
2　能力		
統率・管理力	・年度の業務目標を部下全員に周知していたか ・部下一人ひとりについて、その能力と意欲に応じて適切な役割（職務内容）を定め、本人に伝えていたか ・部下が自分の役割を果たしているかを定期的にチェックしていたか。職務の進捗状況を的確に把握していたか	S　A　B　C　D 10　8　6　4　2
行動力	・部下を指導して、業務目標の達成のために必要なことを力強く実行したか ・業務目標を達成しようとする強い意思があったか ・多少の困難や支障があっても、それに屈することなく業務を遂行したか	S　A　B　C　D 10　8　6　4　2
決断力	・その場の状況に応じて的確な決断ができるか ・決断が早すぎたり、遅すぎたりすることはないか	S　A　B　C　D 5　4　3　2　1

264

第8章　人事考課の納得性向上策

問題解決力	・担当部門において何か問題やトラブルが生じたときに、適切な解決策を選択し、実行したか ・問題やトラブルの解決に粘り強く取り組んだか	S　A　B　C　D 5　4　3　2　1
指導育成力	・部下一人ひとりについて、その能力と性格を正しく把握し、本人にふさわしい仕事を与えているか ・日ごろから部下の能力向上に計画的に取り組んでいるか ・仕事のできる部下が育っているか	S　A　B　C　D 10　8　6　4　2
		（小計）　　点
3　勤務成績		
部門業務目標の達成度	・部下を適切に指揮命令して、担当部門の業務目標を達成することができたか ・担当部門の生産性の向上において、一定の成果があったか	S　A　B　C　D 20　16　12　8　4
部門業務の質	・担当部門の業務内容は、正確で質的に優れていたか ・担当部門において、仕事のミスや不手際はなかったか	S　A　B　C　D 20　16　12　8　4
		（小計）　　点
	合計点（100点満点）	点

265

第 8 章　人事考課の納得性向上策

〈自己評価を終えての感想〉

以上

第8章　人事考課の納得性向上策

（様式5）役職者の自己評価表（賞与用）

○○○○印

自己評価表（役職者・賞与用）
（○○年度夏季・年末賞与）

評価対象期間	○○年○○月○○日～○○年○○月○○日

～評価対象期間中の勤務態度および勤務成績を次の5段階で公正に評価
して下さい～

（評価区分）
S＝きわめて優れていた
A＝優れていた
B＝普通
C＝やや劣っていた
D＝劣っていた

評価項目	着眼点	評価
1　勤務態度		
積極性	・担当部門の業務目標達成のために部下の先頭に立って仕事をしたか。取り組んだか ・担当部門の仕事の改善、生産性の向上に取り組んだか	S A B C D 5 4 3 2 1
責任性	・役職者としての役割と責任を意識して行動したか ・仕事への責任感・使命感があったか	S A B C D 5 4 3 2 1

267

第8章　人事考課の納得性向上策

経営認識	・会社の経営方針・経営理念を正しく理解して行動したか ・担当部門の利害得失にこだわることなく、広い立場、高い視点に立って、ものごとを判断したか	S　A　B　C　D 5　4　3　2　1
コスト意識	・常にコスト意識を持って仕事に取り組んだか ・日頃からコストの削減とムダの排除に努めたか	S　A　B　C　D 5　4　3　2　1
2　勤務成績		
業務目標の達成度	・部下を適切に指揮命令して、担当部門の業務目標を達成することができたか ・担当部門の生産性の向上において、一定の成果があったか	S　A　B　C　D 60　48　36　24　12
部門業務の質	・担当部門の業務内容は、正確で質的に優れていたか ・担当部門において、仕事のミスや不手際はなかったか	S　A　B　C　D 20　16　12　8　4
	合計点（100点満点）	点

〈自己評価を終えての感想〉

以上

4　一次考課・二次考課の調整

（1）一次考課と二次考課の差異の発生

　人事考課の公正さを確保するために、一次考課に加え、二次考課を行っている会社が少なくない。

　二次考課は、一般に、一次考課者の上位者によって行われる。一次考課者が係長であるときは、係長の上位者である課長が二次考課を行う。また、一次考課者が課長であるときは、課長の上位者である部長が二次考課を行う。

　二次考課を行う場合、一次考課と二次考課の結果がほぼ一致するのが望ましい。しかし、現実には、一次考課と二次考課との間に相当の差異が生じることがある。

　例えば、一次考課者の係長が、

　勤務態度　　30点

　職務遂行能力　30点

　勤務成績　　15点

　　計　　　　75点

と採点した部下について、二次考課者の課長が次のように採点する。

　勤務態度　　20点

　職務遂行能力　35点

　勤務成績　　10点

　　計　　　　65点

（2）差異の調整方法

　一次考課と二次考課とが異なる場合の調整の方法としては、さまざまなものがある（図表8-5）。

第8章　人事考課の納得性向上策

図表8－5　一次考課と二次考課の調整法

	例
一次考課を採用	一次考課75点を採用
二次考課を採用	二次考課65点を採用
両者が話し合って決める	
一次考課と二次考課の平均点を採用	（75＋65）÷2＝70点
加重平均方式を採用（一次考課2、二次考課1）	（75×2＋65×1）÷3＝71.6点
態度考課・成績考課については一次考課を採用し、能力考課については二次考課を採用	勤務態度30点、職務遂行能力35点、勤務成績15点、合計80点

（注）一次考課75点（勤務態度30点、職務遂行能力30点、勤務成績15点）、二次考課65点（勤務態度20点、職務遂行能力35点、勤務成績10点）の場合。

（3）各方式の評価

　一次考課と二次考課の結果が異なった場合に、一次考課を採用するとすれば、そもそも二次考課を実施する意味はない。

　一方、一次考課と二次考課とが異なった場合に、二次考課を採用するとすれば、そもそも一次考課を実施する意味はない。

　また、一次考課者と二次考課者とが話し合うという方式は、一見すると、公平であるように見える。しかし、両者の力関係から、二次考課が採用される可能性が高い。このため、あまり公平な対応とはいいがたい。

　一次考課と二次考課の平均点を採用するという「平均点方式」は、考課参加者のそれぞれに配慮した方式である。きわめて、日本的な決着の方式といえる。また、足して2で割るだけであるため、簡単である。

　一次考課と二次考課とにそれぞれ一定のウエイトを設け、その平均を採用するという「加重平均法」は、どうであろうか。

　加重平均法の場合、一次評価と二次評価のそれぞれにウエイトを設けなければならないが、ウエイトの設定について、合理的・説得的な理論が形成されているわけではない。「一次考課に重みを置くべきだ」という意見もあれば、

270

「二次考課に重みを置くべきだ」という意見もある。

　最後に、「勤務態度・勤務成績は一次考課、能力は二次考課を採用する」という方式は、どうであろうか。

　一般的に、勤務態度と勤務成績については、被考課者と日常的に接触している下位役職者の方が正確に評価ができる、といわれる。これに対して、能力については、被考課者と距離を置く役職者の方が大局的・客観的な立場から正しく評価できる、といわれる。したがって、この方式は、それなりに合理的・説得的である。

（4）合理的な調整方式

　以上、要するに、一次考課と二次考課の調整については、
・一次考課と二次考課の平均点を採用する
・態度考課と成績考課については一次考課を採用し、能力考課については二次考課を採用する
の2つのうちのいずれかを選択するのが合理的といえる。

5　部門間の考課結果の調整

（1）部門による考課の差

　考課について、部門間で差異が生じることが多い。例えば、考課結果の平均点が

総務部	83点
営業部	72点
業務部	65点
物流部	75点
広告部	80点

になるという具合である（100点満点による考課の場合）。

　部門格差については、「それぞれの部門の役職者が責任を持って考課を行った結果であるから、その結果を尊重し、調整を行うべきではない」という意見がある。「各部門の考課結果を尊重し、調整を行うべきではない」「調整を実施する必要性はない」というのは、それなりに説得性がある。

　もしも、会社として、○○部と○○部には仕事のできる社員を配置し、それ以外の部門には、仕事の能力に欠ける者を配置するという差別的な人事配

置を行っていたら、部門による考課差が生じるのは、当然といえる。しかし、会社がそのような差別的な配置をすることは考えにくい。どの会社も、適性配置に努めているはずである。

また、部門によって、

・業務遂行に要求される能力のレベル

・期待される仕事の成果水準

に大きな差があるにもかかわらず、配置される社員の能力レベルには差異がないとしたら、部門によって考課結果に格差が生じるのもやむを得ないであろう。

人事考課の結果に差異が生じることについて、合理的・客観的な理由が存在しない場合には、人事部門として一定の調整措置を講じるべきである。

図表8－6　部門間の格差調整の効果

調整の条件	調整の効果
考課結果に差異があることについて合理的な理由がなく、差異を解消することが必要であると判断された場合	○給与管理・人事管理の公正性を確保できる ○給与管理・人事管理に対する社員の信頼性を維持できる ○人事考課制度に対する納得性を高められる ○社員の勤労意欲の向上を図れる

（2）調整の方法

調整措置には、実務的に、図表8－7に示す3つの方法がある。

どの方式を採用するかは、もとより各社の自由であるが、「公平性の確保」という観点から判断すると、「平均点が会社全体の平均点よりも低い部門では、会社全体の平均点との差だけ、各人の考課点を引き上げ、平均点が会社全体の平均点よりも高い部門では、会社全体の平均点との差だけ、各人の考課点を引き下げる」という、引き上げ・引き下げ併用方式を採用するのが適切であろう。

第8章 人事考課の納得性向上策

図表8－7　考課結果の調整方法

調整方法①	・平均点が会社全体の平均点よりも低い部門では、会社全体の平均点との差だけ、各人の考課点を引き上げ、平均点が会社全体の平均点よりも高い部門では、会社全体の平均点との差だけ、各人の考課点を引き下げる（図表8－8）
調整方法②	・平均点が会社全体の平均点よりも低い部門では、会社全体の平均点との差だけ、各人の考課点を引き上げる（平均点が会社全体の平均点よりも高い部門では、調整は行わない）
調整方法③	・平均点が会社全体の平均点よりも高い部門では、会社全体の平均点との差だけ、各人の考課点を引き下げる（平均点が会社全体の平均点よりも低い部門では、調整は行わない）

図表8－8　考課結果の調整例（引き上げ・引き下げ併用方式）

全社平均に比較して、平均点が5点低い部門の場合	全社平均に比較して、平均点が10点高い部門の場合
全員の考課点を5点引き上げる	全員の考課点を10点引き下げる
社員A・68点➡73点 社員B・64点➡69点 社員C・57点➡62点 社員D・66点➡71点 社員E・70点➡75点	社員F・85点➡75点 社員G・72点➡62点 社員H・76点➡66点 社員I・87点➡77点 社員J・80点➡70点

（3）調整の幅

調整の幅については、
　　・部門の平均点と会社全体の平均点との差の全部を調整する
　　・部門の平均点と会社全体の平均点との差の一定割合を調整する
の2つの取り扱いがある。

　部門間の考課結果の調整の目的は、部門間の甘辛の是正である。そのような目的からすれば、部門の平均点と会社全体の平均点との差の全部を調整す

273

第8章　人事考課の納得性向上策

るのが妥当である。例えば、部門の平均点が70点、会社全体の平均点が80点であるときは、その部門の社員全員について、「一律10点引き上げる」という救済措置を講じるべきであろう。

しかし、会社平均との差を全部調整するとなると、その部門の役職者の考課姿勢を全面的に否定することになる。

その部門の役職者は、それなりに判断して考課を行ったはずである。それにもかかわらず、「会社全体の平均点を大きく上回った（あるいは、下回った）」という理由で、一方的に修正が行われるのは心外であろう。

現場の役職者の考課結果に配慮するという観点から、調整幅を「会社全体の平均点との差の50％」というように限定するのも、1つの現実的な選択といえる。

図表8－9　調整幅の決め方

	例
全社平均点との差を100％調整する	社員A・65点➡75点 社員B・60点➡70点 社員C・70点➡80点
全社平均点との差を80％調整する	社員A・65点➡73点 社員B・60点➡68点 社員C・70点➡78点
全社平均点との差を50％調整する	社員A・65点➡70点 社員B・60点➡65点 社員C・70点➡75点

（注）部門の平均点が全社平均よりも10点低い場合。

（4）調整の手続き

調整の手続きにには、次のようなものがある。
・部門長から構成される調整会議で、調整の必要性を審査し、必要と認めるときは、当該部門長に対して修正を要請する
・部門長から構成される調整会議で、調整の必要性を審査し、必要と認めるときは、調整会議の権限で修正する

第8章　人事考課の納得性向上策

・人事部長が必要と判断したときは、当該部門長に対して修正を要請する
・人事部長が必要であると判断したときは、人事部長の責任で修正する
・部門間の格差が一定値を超えたときは、人事部長が機械的に修正する
それぞれに一長一短がある（図表8－10）。

図表8－10　部門間の調整の手続き

	メリット	問題点
部門長から構成される調整会議が当該部門長に対して修正を要請	○考課の公平性を確保できる	●調整会議に修正の権限が与えられていない
部門長から構成される調整会議が修正が必要と判断したときは、調整会議の権限で修正する	○考課の公平性を確保できる ○調整会議に考課を修正する権限が与えられている	●「修正の必要性」の判断基準を明確にするのが難しい
人事部長から当該部門長への修正の要請	○考課の公平性を確保できる	●部門長が修正要請に応じないことも考えられる
人事部長の責任で調整	○確実に甘辛が修正できる	●部門長の考課責任が不問に付される可能性がある
格差が一定以上あるときは、人事部長が機械的に修正	○確実に甘辛が修正できる ○機械的に修正が行われる	●修正の基準を作成するのが容易ではない

（5）人事部長の責任で対応

　人事考課の結果は、社員の昇給、賞与および昇進・昇格等に大きな影響を与える。考課の結果が部門によってある程度の差異が生じるのはやむを得ないことであるが、その差異を放置しておくのは望ましいことではない。

275

第8章　人事考課の納得性向上策

　格差は、確実に解消されなければならない。また、格差の解消は、格差の実情や考課者の考課能力などに応じて、柔軟に対応する必要がある。

　そのような事情を勘案すると、部門間の調整については人事部長の専権行為とし、人事部長がその責任で対応することにするのが合理的・現実的である。

　人事部長は、部門間の調整が必要であると判断したときは、社長の承認を得て、調整を実施する。

（様式６）考課結果の調整の承認願い

　　　　　　　　　　　　　　　　　　　　　　　○○年○○月○○日

取締役社長○○○○殿

　　　　　　　　　　　　　　　　　　　　　人事部長○○○○印

　　　　　　人事考課の結果の調整について（伺い）

1　人事考課の結果

	最高点	最低点	平均点	会社全体の平均点との差
○○部				
○○部				
○○部				
○○部				
○○部				

2　調整の方法

部門	調整の方法
○○部	全員の考課点を○点一律に引き上げる
○○部	全員の考課点を○点一律に引き上げる
○○部	全員の考課点を○点一律に引き下げる

　　　　　　　　　　　　　　　　　　　　　　　　　　　　以上

6　考課基準等の公開

　社員にとって、給与・賞与および昇進・昇格等は、自身の生活や社内での地位に関係するので、重要な問題である。

　人事考課は、その給与・賞与および昇進・昇格等の決定に役立てる目的で行われる。このため、社員は誰もが人事考課に関心を持っている。
　　・人事考課の実施要領がどのようになっているのか
　　・人事考課の項目がどのように決められているのか
　　・考課の基準は、どのようになっているのか
などが公開されていないと、社員は不安を感じる。きわめて当然のことである。そのような不安を放置しておくのは好ましくない。経営方針や人事管理に対する不信感を発生させることになる。

　社員に対して、
　　・人事考課の実施要領（活用目的、考課の対象者の範囲、考課者と被考課者との関係、実施時期、その他）
　　・考課項目（定義、着眼点）
　　・考課の基準（絶対考課か、相対考課か）
　　・考課の方法（評語方式か、得点方式か）
　　・考課項目ごとの配点・ウエイト
などを公開することが望ましい。

　考課項目等の公開は、人事考課制度の透明性・納得性を高めることになる。

7　考課結果のフィードバック

（1）フィードバックの趣旨

　人事考課の納得性を高めるという目的で、人事考課の結果を本人にフィードバックしている会社が少なくない。

　人事考課の結果がどうであったかが知らされないと、社員は、不安を感じる。しかし、「今回の昇給の人事考課の結果はこうであった」「年末賞与の考課結果はこうであった」と知らされれば、それなりに納得するであろう。

　考課のフィードバック制度は、考課制度の納得性・透明性を高めるうえで効果があるが、その一方で、「考課の寛大化傾向を強める可能性がある」などの問題も指摘されている。

第8章　人事考課の納得性向上策

図表8-11　考課結果のフィードバック制度の功罪

メリット	問題点
○人事考課制度の納得性を高める ○人事管理の透明化を図れる ○職場の風通しを良くする ○開放的な企業風土を形成する	●役職者が考課に慎重になり、考課の寛大化傾向を強める ●標準点、中間点を付ける考課者が増える ●上司の考課能力に不信感を持つ者が出る

（2）フィードバックの対象者

考課結果のフィードバックの対象者については、

・考課の対象者全員とする

・一般社員とする（役職者は除く）

・希望者とする

・会社または所属長が必要と認めた者に限る

などがある。

現在、フィードバックをしている会社について、対象者を見ると「考課の対象者全員にフィードバックしている」というところが圧倒的に多い。

（3）フィードバックの方法

フィードバックの方法には、

・各人に書面で通知する（様式7）

・書面での通知を原則とし、所属長が必要と認めたときは、面談で通知する

・面談で通知する

などがある。

考課制度を社員の今後の成長や能力開発に結び付けるという観点から判断すると、所属長が一人ひとりと個別に面談し、考課結果を知らせるとともに、

・勤務態度について改善すべき点があるときは、その内容

・伸長すべき能力

・仕事の量の増加目標

・仕事の質の改善目標

などについて、話し合うのがのがが望ましい。

278

第8章　人事考課の納得性向上策

（様式7）考課結果の通知書

○○年○○月○○日

○○課○○○○様

人事課長・所属課長

人事考課の結果について（お知らせ）

（□昇給等　□夏季賞与　□年末賞与）

あなたの人事考課の結果は、次のとおりでしたので、お知らせします。

勤務態度考課　　○○点

職務能力考課　　○○点

勤務成績考課　　○○点

計　　　　○○点

以上

8　考課の苦情処理制度

（1）苦情処理の体制と方法

①　考課結果への不満

　考課結果を本人にフィードバックする場合、その内容に不満を持つ社員が出ることが予想される。「自分の能力が正しく評価されていない」「仕事の成果が過小に評価されている」「自分としては、目標を100％達成したと思っているのに、それが評価されていない」・・・などである。

　社員の多くは、「自分は、仕事に熱心に取り組んでいる」「仕事上の能力は、毎年向上している」「社内での地位や役割にふさわしい仕事をして職場の業績に貢献している」と考えている。だから、人事考課の結果に不満を持つ者が出るのは、ある意味で当然の成り行きといえる。

　人事考課制度に対する納得性の向上という観点からすると、考課結果についての不満に対応する仕組みを設けるのが望ましい。「人事考課は、会社の責任で行うものである。不満が出ても仕方がない」「ある程度不満が出ても、やむを得ない」といって、何の措置も講じないのは問題であろう。

第8章　人事考課の納得性向上策

② 苦情処理の体制

　考課結果についての苦情の処理体制としては、

　・人事部で苦情を受け付ける

　・役職者から構成される苦情処理委員会を設置する（苦情の受け付け窓口
　　は、人事部とする）

などがある（図表8-12）。

図表8-12　苦情処理の体制

苦情処理の目的	苦情処理の体制
人事考課制度の納得性・透明性を高める	①人事部で苦情を受け付ける ②役職者から構成される苦情処理委員会を設置する（苦情の受け付け窓口は、人事部とする） ③会社側委員と社員代表委員とで構成される苦情処理委員会を設置する（苦情の受け付け窓口は、人事部とする）

③ 苦情処理の方法

　人事部または委員会は、社員から、電話、メール、書面などで、苦情を受け付ける。

　苦情を受け付けたときは、

　・本人から話を聞く

　・考課者（役職者）から話を聞く

　・関係社員から話を聞く

などして、対応策（解決策）を取りまとめる。

　対応策を取りまとめたときは、速やかに申出者に知らせる。

　なお、人事考課についての不満は、他の社員には知られたくないものである。このため、関係者は、申出者の氏名および苦情の内容は、第三者に口外しないものとする。

280

（2）社員・役職者への周知

① 社員への周知

　苦情処理制度の実施を決めたときは、社員に対して、

・苦情を人事部で受け付ける旨

・苦情を申し出る方法

・苦情を申し出ることのできる曜日、時間帯

・解決策を決める方法

・秘密の保持

・会社に苦情を申し出たことを理由として、不利な処遇をしない旨

などを周知する（様式8）。

（様式8）苦情処理制度についての社内通知

> 　　　　　　　　　　　　　　　　　　　　○○年○○月○○日
>
> 社員各位
>
> 　　　　　　　　　　　　　　　　　　　　　　人事部長
>
> 　　　　　人事考課の苦情の受け付けについて（お知らせ）
>
> 　人事考課についての納得性を高めるため、苦情、不満を次のとおり受け付けることにしましたので、お知らせします。
>
> 　　　　　　　　　　　　　　記
>
> 1　人事考課についての苦情、不満を人事部で受け付けます。ただし、自身のものに限ります。
>
> 2　申出は、電話、メール、文書その他、その方法は自由です。
>
> 3　申出は、勤務日の勤務時間中、いつでも行うことができます。
>
> 4　申出があったときは、関係者の話を聞くなどして解決策をまとめます。解決策をまとめたときは、速やかに申出者にお知らせします。
>
> 5　申出者の氏名および申出の内容その他については、秘密扱いとします。
>
> 6　人事考課についての苦情・不満を会社に申し出たことを理由として、昇給や賞与において不利な取り扱いをすることはありません。
>
> 　　　　　　　　　　　　　　　　　　　　　　　　以上

第8章　人事考課の納得性向上策

② 役職者への周知

　人事考課についての不満を人事部に申し出ることは、相当に勇気を必要とするものである。社員には、「不満を人事部に申し出たら、上司から仕事の上で不利な取り扱いを受けるのではないか」「会社に人事考課の不満を申し出たら、役職者が、次の考課で厳しい反応をするに違いない」という心配・不安が働く。

　そのような心配や不安から、苦情を申し出ないとしたら、この制度の意味はなくなってしまう。このため、役職者に対して、

　　・人事考課の不満を人事部に申し出ないよう、部下に働きかけないこと
　　・人事考課についての苦情を人事部に申し出た部下について、申し出たことを理由として不利な取り扱いをしないこと

を周知徹底することが望ましい。

9　考課者研修の実施

（1）考課能力の向上の重要性

　人事考課は、「人が人を評価する制度」である。評価するのは「人」（役職者）である。したがって、役職者について、人を評価する能力の向上を図ることが、何よりも重要である。

　いくら職務の内容に即した合理的な考課項目を設定しても、あるいは考課項目ごとに分かりやすい定義や着眼点を用意しても、考課者の考課能力が不十分では、まったく意味はない。

　人事考課制度を実施するときは、絶えず考課者の考課能力の向上に努めることが望ましい。人事考課表を配布し、「これで部下の勤務成績等を評価するように」と指示するだけで、特に研修を行わないというのは、大いに問題である。

（2）研修の実施頻度と内容

① 研修の実施頻度

　考課者研修は、

　　・考課を実施する役職に昇進したとき
　　・その後は、2、3年に1回程度

行うのが望ましい。

第8章 人事考課の納得性向上策

② **研修の内容**

研修の内容としては、一般に、次のようなものが考えられる。
・人事考課の活用目的（昇給、賞与、昇進・昇格、その他）
・人事考課の対象分野（勤務態度、職務遂行能力、勤務成績）
・人事考課の対象分野ごとの考課項目
・考課項目ごとの定義、着眼点、考課ポイント
・評価の基準（絶対評価）
・評価の区分
・考課者の心得
・考課者が陥りやすい誤りとその対応策

10　部門・グループ業績の賞与への反映

（1）部門・グループの業績と賞与

複数の事業部門（店舗、営業所、支店、事業部等）を構えている会社、あるいは、グループ制を採用している会社の場合、経営者としては、すべての部門・グループの業績が良好であることが望ましい。

しかし、現実には、部門・グループによって業績に差が生じる。マーケティングに工夫を凝らしたり、コストの削減に努めたりして、優れた業績を上げる部門・グループが出る一方で、残念ながら業績が良くない部門・グループも出る。

賞与は、「業績の還元」「成果の配分」という性格を持っている。また、売上や営業利益が良好な部門・グループも、そうでない部門・グループも、賞与の支給月数が同じというのでは、職場に活力が生じない。

このように考えると、部門・グループの業績を賞与の支給額に反映させるのが合理的・現実的である。また、人事考課制度の納得性を向上させることにもなる。

個人の人事考課に加えて、部門・グループ（以下、単に「部門」という）の業績を賞与の支給額に反映させる場合、賞与支給額の算定式としては、実務的に、次の2つが使用されている。

283

第8章　人事考課の納得性向上策

図表 8 − 13　部門業績を反映させる賞与の算定式

算定式①	賞与支給額＝基本給×平均支給月数×部門業績係数＋人事考課分
算定式②	賞与支給額＝基本給×平均支給月数×部門業績係数×人事考課係数

（2）部門業績の指標

　部門の業績を賞与に反映させる場合には、まず、「部門の業績とは何か」を明確にすることが必要である。

　部門業績の指標は、賞与の支給額決定に使用されるものであるから、部門で働く社員にとって分かりやすく、納得性のあるものでなければならない。

　部門業績の指標としては、一般的に、

　・部門の売上高、粗利益、営業利益

　・部門1人当たり売上高、粗利益、営業利益

　・部門の売上高、粗利益、営業利益の目標達成率

などが使用される。

図表 8 − 14　部門業績指標と算定基準

業績指標	算定基準
部門の売上高	
部門の粗利益	
部門の営業利益	
部門1人当たり売上高	部門売上高／部門所属社員数
部門1人当たり粗利益	部門粗利益／部門所属社員数
部門1人当たり営業利益	部門営業利益／部門所属社員数
部門売上高目標達成率	部門売上高実績／部門売上高目標額
部門粗利益目標達成率	部門粗利益実績／部門粗利益目標額
部門営業利益目標達成率	部門営業利益実績／部門営業利益目標額

284

第8章　人事考課の納得性向上策

（3）部門業績係数の決め方

　部門業績係数の決め方には、

　・全社員一律に決める

　・役職の有無別に決める

の2つがある（図表8－15）。

第8章　人事考課の納得性向上策

図表8-15　業績係数の決め方

全社員一律に決める	（例1） 所属部門1人当たり売上高の区分に応じて、次の係数 ○○万円〜　　　　　業績係数1.1 ○○〜○○万円　　　業績係数1.0 〜○○万円　　　　　業績係数0.9 （例2） 所属部門1人当たりの粗利益の順位に応じて、次の係数 全店舗中、上位5店舗　　業績係数1.1 全店舗中、下位5店舗　　業績係数0.9 その他の店舗　　　　　　業績係数1.0
役職の有無別に決める	（例1） 所属部門の粗利益目標達成率に応じて、次の係数 （役職者） 達成率120％〜　　　　業績係数1.1 達成率100〜119％　　業績係数1.0％ 達成率99％以下　　　　業績係数0.9 （社員） 達成率120％〜　　　　業績係数1.05 達成率100〜119％　　業績係数1.0％ 達成率99％以下　　　　業績係数0.95 （例2） 所属部門の粗利益の区分に応じて、次の係数 （役職者） 粗利益○○万円〜　　　　業績係数1.1 粗利益○○〜○○万円　　業績係数1.0％ 粗利益○○万円以下　　　業績係数0.9 （社員） 粗利益○○万円〜　　　　業績係数1.05 粗利益○○〜○○万円　　業績係数1.0 粗利益○○万円以下　　　業績係数0.95

第8章　人事考課の納得性向上策

11　考課項目等の定期的見直し

（1）見直しの必要性

　人事考課は、給与管理・人事管理を適正に行ない、働き甲斐のある組織を形成する目的で実施するものである。したがって、
　　・経営理念、経営方針
　　・業務の内容
　　・社員の職種の構成
　　・社員の働き方、勤務形態
　　・社員の価値観
などと整合したものでなければならない。

　会社の業務の内容や職種構成、あるいは勤務形態等が変化したときは、人事考課の内容や運用の仕方も、それらの変化に合わせて変更する必要がある。ところが、実際には、他の人事制度と同じように、会社の業務の内容や勤務形態等が変化しているにもかかわらず、10年前、20年前に設計・制定された人事考課制度がそのまま運用されているケースが少なくない。

　経営環境・人事環境が変化しているにもかかわらず、旧来の人事考課制度を継続していると、当然のことながら人事考課制度の実効性が低下する。また、人事考課制度に対する社員の信頼感も低下する。

（2）見直しの対象事項

　会社は、経営環境・人事環境の変化に対応して、人事考課制度の見直しを行うことが必要である。

　人事考課制度を所管する部門（人事部）は、
　　・人事考課制度の見直しの必要性
　　・見直しの具体的な内容
を積極的に経営者に意見具申することが望ましい。

　見直しの主な事項は、
　　・人事考課制度の内容に関すること
　　・人事考課制度の運用に関すること
　　・人事考課と昇給、賞与および昇進・昇格等に関すること
などである（図表8-16）。

287

第8章　人事考課の納得性向上策

図表8－16　人事考課の主な見直し事項

人事考課制度の内容	人事考課制度の運用	人事考課と昇給・賞与等との関係
・人事考課項目の追加・削除 ・経営理念・コンプライアンス等の項目の新設 ・項目ごとの定義・着眼点 ・項目ごとの評価の方法 ・考課のウエイト ・人事考課表	・一次考課と二次考課との調整の方法 ・部門間の考課結果の調整方法 ・考課結果の本人へのフィードバック	・昇給への反映のさせ方 ・昇進・昇格への反映のさせ方 ・賞与への反映のさせ方 ・配置・配置転換への反映のさせ方 ・研修・能力開発への反映のさせ方 ・昇給額が昇給予算を超えた場合の対応 ・賞与が賞与予算を超えた場合の対応

（3）見直しの時期

　見直しの時期については、
　　・必要が生じた都度、随時行う
　　・数年ごとに定期的に行う
の2つがある。

　必要が生じたときに行うことにすると、「募集・採用など他の業務が忙しい」「まだ見直しをする必要がないのではないか」などの理由で、見直しが先送りされ、人事考課の実効性が徐々に低下していく可能性がある。

　給与管理・人事管理の重要性を考えると、一般的には、2、3年に1度の割合で定期的に見直しを行うのが適当であるといえる。

第**9**章

人事考課規程の作成

1 人事考課規程作成の趣旨

　人事考課は、社員の給与管理・人事管理に活用する目的で行われるものであるから、一定の合理的な基準に基づいて公正に行われることが重要である。

　また、社員は、人事考課の結果が自身の給与、賞与および昇進・昇格等に反映されるので、大きな関心を持っている。このため、会社は、人事考課の公正性・透明性・納得性の確保に努めることが求められる。

　人事考課制度の内容および運用に公正性・透明性・納得性が欠けると、会社の経営姿勢および人事管理方針に対する社員の信頼が失われることになる。その結果、勤労意欲の低下、会社への忠誠心の減退、職場の人間関係の不和など、好ましくない事象が発生し、拡大する。

　会社は、人事考課制度の公正性・透明性および納得性を確保するため、人事考課の活用目的や仕組みなどを規程として取りまとめ、その内容を社員に周知することが望ましい。

2 人事考課規程の内容

(1) 人事考課の目的と活用

① 人事考課制度の実施目的

　はじめに、人事考課制度の目的について、「人事考課は、社員一人ひとりの勤務態度、職務遂行能力および勤務成績に応じた公正かつ適切な処遇を実現するとともに、適性配置と能力開発を促進する目的で行う」と明記するのがよい。

② 人事考課の活用

　人事考課の結果は、次のものに活用すると明記する。

　・昇給

　・賞与

　・昇進・昇格

第9章　人事考課規程の作成

　　・配置・配置転換
　　・教育研修

（2）人事考課の実施要領
① **人事考課の対象者**
　　人事考課の対象者を定める。一般社員だけを対象としているときは、その旨を定める。役職者も対象としているときは、その旨を定める。

② **人事考課の対象期間**
　　人事考課の対象期間を定める。例えば、次のとおりとする。
　　・昇給・昇進・昇格等のための人事考課
　　　前年4月1日～当年3月31日
　　・賞与のための人事考課
　　　①　夏季賞与　前年11月1日～当年4月30日
　　　②　年末賞与　5月1日～10月31日

③ **人事考課の種類**
　　人事考課の種類は、
　　・勤務態度に関する考課（態度考課）
　　・職務遂行能力に関する考課（能力考課）
　　・勤務成績に関する考課（成績考課、業績考課）
の3つとする。

④ **人事考課の項目**
　　人事考課の項目を、規律性、協調性、積極性、責任性・・・というように、具体的に定める。一般的には、活用目的に応じて定めるのが合理的である。

⑤ **人事考課のウエイト**
　　人事考課については、その活用目的に応じてウエイトを定めるのが合理的・現実的である。

⑥ **考課の基準**
　　人事考課の基準については、

　　　　　　　　　　　　　　　　　　　　　　　第9章　人事考課規程の作成

　・他の社員を基準とする（他の社員に比べて、態度、能力、成績はどうで
　　あったか）
　・被考課者の地位、役割、および勤続年数等を基準とする（本人の地位,
　　役割、および勤続年数等からみて、本人に期待され、要求されている水
　　準をもとに行う）
の2つがある。

⑦　**人事考課の区分**
　　人事考課の区分は、次の5区分とする。
　・きわめて優れていた
　・優れていた
　・普通
　・やや劣っていた
　・劣っていた

第9章　人事考課規程の作成

3　モデル規程

人事考課規程

（総則）

第1条　この規程は、人事考課制度について定める。

（人事考課の目的）

第2条　人事考課は、社員一人ひとりの勤務態度、職務遂行能力および勤務
　　成績に応じた公正かつ適切な処遇を実現するとともに、適性配置と能力開
　　発を促進する目的で行う。

（人事考課の活用）

第3条　人事考課の結果は、次のものに活用する。

　（1）昇給

　（2）賞与

　（3）昇進・昇格

　（4）配置・配置転換

　（5）教育研修

（人事考課の対象者）

第4条　人事考課は、すべての社員を対象として行う。

（人事考課の種類）

第5条　人事考課の種類は、次のとおりとする。

　（1）勤務態度に関する考課（態度考課）

　（2）職務遂行能力に関する考課（能力考課）

　（3）勤務成績に関する考課（成績考課）

（人事考課の種類と活用目的との関係）

第6条　人事考課の種類と活用目的との関係は、別表1のとおりとする。

（人事考課の項目）

第7条　人事考課の項目は、活用目的に応じて定めるものとし、別表2のと
　　おりとする。

（人事考課のウエイト）

第8条　人事考課のウエイトは、活用目的に応じて別表3のとおりとする。

（考課の基準）

第9条　人事考課は、被考課者の地位、役割、および勤続年数等からみて、

本人に期待され、要求されている水準をもとに行う。

（人事考課の区分）

第10条　人事考課は、各考課項目ともに、次の5つの区分で行う。

S＝きわめて優れていた

A＝優れていた

B＝普通

C＝やや劣っていた

D＝劣っていた

（人事考課の対象期間）

第11条　人事考課の対象期間は、次のとおりとする。

（1）昇給・昇進・昇格等のための人事考課

前年4月1日〜当年3月31日

（2）賞与のための人事考課

①　夏季賞与　前年11月1日〜当年4月30日

②　年末賞与　5月1日〜10月31日

（人事考課の方法）

第12条　人事考課は、所定の人事考課表によって行う。

（被考課者と考課者の関係）

第13条　被考課者と考課者の関係は、別表4のとおりとする。

2　考課者がその役職に就任して2ヶ月未満のときは、前任者が考課に当たる。

3　人事異動によって現在の部署に異動し、異動後の期間が2ヶ月未満の被考課者については、異動前の部署の役職者が考課に当たる。

（考課者の心得）

第14条　考課者は、次に示す心構えを持って考課に当たらなければならない。

（1）個人的な感情や好き嫌いにとらわれることなく、公正に考課を行うこと

（2）客観的な事実と日常の観察結果をもとにして考課を行うこと

（3）職務に関係する行動や結果だけを取り上げて考課を行うこと。職務に関係のない私的な行動や、私生活上の行動・態度は対象としないこと

（4）考課対象期間中の態度・行動・成績だけを考課の対象とすること

（5）心身のゆとりのあるときに考課を行うこと

（6）時間的間隔をあけることなく、集中的に考課を行うこと

（7）考課が役職者の重要な役割であることを意識して考課を行うこと

第9章　人事考課規程の作成

（考課のやり直し等）

第15条　人事部長は、考課の結果が正当でないと判断されるときは、考課者に対して再考課を命令することができる。

2　人事部長は、部門によって考課結果に著しい偏りが生じたときは、考課結果を調整することができる。

（考課結果のフィードバック）

第16条　考課の結果は、被考課者本人にフィードバックする。

2　フィードバックは、所属長が本人と面談することによって行う。

（付則）

この規程は、○○年○○月○○日から施行する。

第9章　人事考課規程の作成

別表1　人事考課の種類と活用目的

	態度考課	能力考課	成績考課
昇給	○	○	○
賞与	○		○
昇進・昇格	○	○	○
配置・配置転換	○	○	○
教育研修	○	○	○

別表2　人事考課の項目

（1）昇給・昇進・昇格等のための考課

	態度考課	能力考課	成績考課
一般社員	規律性、協調性、積極性、責任性	知識・技術・技能、コミュニケーション能力、行動力、気力・体力	仕事の量、仕事の質
役職者	積極性、責任性、経営認識、コスト意識	統率・管理力、行動力、決断力、問題解決力、指導育成力	部門業務目標の達成度、部門業務の質

295

第9章　人事考課規程の作成

（2）賞与のための考課

	態度考課	成績考課
一般社員	協調性、積極性、責任性、時間意識	仕事の量、仕事の質
役職者	積極性、責任性、経営認識、コスト意識	部門業務目標の達成度、部門業務の質

別表3　人事考課のウエイト

（1）昇給・昇進・昇格等のための考課

	態度考課	能力考課	成績考課	計
一般社員	30％	50％	20％	100％
役職者	20％	40％	40％	100％

（2）賞与のための考課

	態度考課	成績考課	計
一般社員	50％	50％	100％
役職者	20％	80％	100％

別表4　被考課者と考課者の関係

	一次考課者	二次考課者
一般社員	係長	課長
係長	課長	部長
課長	部長	担当役員

【著者紹介】

荻 原 　 勝（おぎはら　まさる）

東京大学経済学部卒業。人材開発研究会代表。経営コンサルタント

〔著　　書〕

『人事諸規程のつくり方』、『実務に役立つ育児・介護規程のつくり方』、『人件費の決め方・運用の仕方』、『賞与の決め方・運用の仕方』、『諸手当の決め方・運用の仕方』、『多様化する給与制度実例集』、『給与・賞与・退職金規程』、『役員・執行役員の報酬・賞与・退職金』、『新卒・中途採用規程とつくり方』、『失敗しない！新卒採用実務マニュアル』、『節電対策規程とつくり方』、『法令違反防止の内部統制規程とつくり方』、『経営管理規程とつくり方』、『経営危機対策人事規程マニュアル』、『ビジネストラブル対策規程マニュアル』、『社内諸規程のつくり方』、『執行役員規程と作り方』、『執行役員制度の設計と運用』、『個人情報管理規程と作り方』、『役員報酬・賞与・退職慰労金』、『取締役・監査役・会計参与規程のつくり方』、『人事考課表・自己評価表とつくり方』、『出向・転籍・派遣規程とつくり方』、『IT時代の就業規則の作り方』、『福利厚生規程・様式とつくり方』、『すぐ使える育児・介護規程のつくり方』（以上、経営書院）など多数。

現住所：〒251-0027　藤沢市鵠沼桜が岡3-5-13
ＴＥＬ：0466(25)5041
ＦＡＸ：0466(25)9787

人事考課制度の決め方・運用の仕方

2018年7月18日　第1版第1刷発行

著　者　荻　原　　　勝
発行者　平　　　盛　之

発行所　㈱産労総合研究所

出版部　経 営 書 院

〒112-0011
東京都文京区千石4-17-10　産労文京ビル
電話 03(5319)3620　振替 00180-0-11361

落丁・乱丁はお取替えいたします　　印刷・製本　勝美印刷
ISBN 978-4-86326-261-4